人文社科
高校学术研究论著丛刊

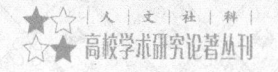

全民健身背景下体育教师全面素质的培养与提升研究

王晖 著

中国书籍出版社
China Book Press

图书在版编目 (CIP) 数据

全民健身背景下体育教师全面素质的培养与提升研究 / 王晖著 . -- 北京 : 中国书籍出版社, 2021.9
ISBN 978-7-5068-8740-3

Ⅰ. ①全… Ⅱ. ①王… Ⅲ. ①体育教师 – 教师素质 – 师资培养 – 研究 Ⅳ. ① G807

中国版本图书馆 CIP 数据核字（2021）第 202574 号

全民健身背景下体育教师全面素质的培养与提升研究

王 晖 著

丛书策划	谭 鹏 武 斌
责任编辑	李 新
责任印制	孙马飞 马 芝
封面设计	东方美迪
出版发行	中国书籍出版社
地　　址	北京市丰台区三路居路 97 号（邮编：100073）
电　　话	（010）52257143（总编室）　（010）52257140（发行部）
电子邮箱	eo@chinabp.com.cn
经　　销	全国新华书店
印　　厂	三河市德贤弘印务有限公司
开　　本	710 毫米 ×1000 毫米　1/16
字　　数	198 千字
印　　张	10.75
版　　次	2023 年 1 月第 1 版
印　　次	2023 年 1 月第 1 次印刷
书　　号	ISBN 978-7-5068-8740-3
定　　价	72.00 元

版权所有　翻印必究

目 录

第一章 全民健身背景解析 ································· 1
  第一节 全民健身的概念与特征 ···························· 1
  第二节 全民健身的作用与地位 ···························· 6
  第三节 我国全民健身的产生与发展现状 ···················· 9
  第四节 我国全民健身的发展趋势与对策 ··················· 14

第二章 体育教师概述及其培养现状 ······················ 22
  第一节 体育教师职业的产生与发展 ······················ 22
  第二节 体育教师的劳动特征和时代特征 ··················· 25
  第三节 体育教师的任务与职责 ··························· 30
  第四节 体育教师的培养现状与策略 ······················ 33

第三章 全民健身与体育教师的关系解析 ··················· 40
  第一节 全民健身对体育教师素质的要求 ··················· 40
  第二节 体育教师在全民健身中的地位与作用 ··············· 43
  第三节 全民健身背景下体育教师的角色定位与转换 ········· 47
  第四节 体育教师参与全民健身指导的现状与策略 ··········· 51
  第五节 全民健身背景下体育教师的发展趋势与对策 ········· 55

第四章 全民健身背景下体育教师思想道德素质的培养与提升 ······ 60
  第一节 师德的含义 ··································· 60
  第二节 体育教师必备职业道德 ··························· 62
  第三节 体育教师师德规范建设 ··························· 66
  第四节 体育教师师德素质的培养方法 ····················· 73

第五章 全民健身背景下体育教师身心素质的培养与提升 ······· 78
  第一节 体育教师应具备的身体素质与心理品质 ············· 78
  第二节 体育教师的身心健康现状分析 ····················· 80

第三节　体育教师身体素质锻炼方法…………………… 83
　　第四节　体育教师健康心理的培养与完善………………… 93
第六章　全民健身背景下体育教师知识素质的培养与提升……… 101
　　第一节　基本理论知识的学习……………………………… 101
　　第二节　专业理论知识的学习……………………………… 110
　　第三节　应用类知识的学习………………………………… 119
第七章　全民健身背景下体育教师能力素质的培养与提升……… 124
　　第一节　体育教师教学技能培养与提升…………………… 124
　　第二节　体育教师组织管理能力培养与提升……………… 133
　　第三节　体育教师科研能力培养与提升…………………… 140
第八章　全民健身背景下体育教师创新素质的培养与提升……… 144
　　第一节　体育教师创新能力素质的构成与特征…………… 144
　　第二节　体育教师创新能力素质发展的影响因素分析…… 149
　　第三节　体育教师创新素质的培养途径…………………… 153
参考文献……………………………………………………………… 164

第一章 全民健身背景解析

随着社会经济的发展和人们对生活质量要求的提高,越来越多的人意识到运动健身的重要性,并积极参与到健身活动中去。为了满足社会发展的需要和顺应时代潮流,国家也提出了"体育强国"建设纲要和"全民健身计划"决策。目前,全社会范围内已经形成了一种全民健身的运动氛围,对于增强国民体质,丰富人们的精神文化生活,促进国家体育事业的发展,都发挥了重要的作用。本章我们将从全民健身的概念、特征、作用、地位,以及我国全民健身的产生和发展现状、我国全民健身的发展趋势与对策几个角度,对全民健身的背景进行具体阐述。

第一节 全民健身的概念与特征

一、全民健身的概念

(一)全民健身概念

全民健身是指全国人民,不分男女老少,全体人民增强力量、柔韧性,增加耐力,提高协调、控制身体各部分的能力,从而使人民身体强健。全民健身的目的是增强全体国民的身体素质,提高全体国民的健康水平。儿童和青少年是全民健身活动中的重点关注对象,全民健身活动倡导所有国民每天至少参加一次体育活动,至少学会两种健身方法,每年至少进行一次体质监测。

(二)产生全民健身概念的背景原因

我国的全民健身概念是在两个背景原因之下提出的。其一,受到世界体育事业繁荣发展的影响;其二,发展中国特色社会主义国家的需要。下面我们对这两方面的原因做具体阐述。

1. 世界范围内大众体育发展在中国的体现

如图 1-1 所示,大众体育在世界范围内获得了繁荣发展,在这种趋势的影响之下,各国纷纷关注本国体育事业的发展状况,并采取了一系列措施促进本国体育事业的发展。中国也不例外,不仅从国际上引进了一大批体育项目,还根据本国国情制定了一系列促进体育事业在本国繁荣发展的保障措施,"全民健身计划"就是为了顺应这种时代发展趋势提出来的。

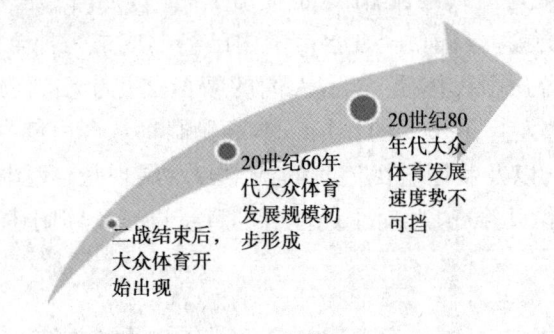

图 1-1　大众体育在世界上的发展历程[①]

2. 建设中国特色社会主义国家的客观需求

我国从新中国成立就开始进行体育事业建设,并且取得了一定的成果。这些成果主要体现在以下几个方面。

(1)全国各地都开展了丰富多彩的体育活动。
(2)改善了我国的体育物质环境。
(3)越来越多的居民参与到体育活动中去。
(4)国民体质增强,健康水平提高。
(5)体育不仅提高了人民的综合素质,还为社会主义建设提供了帮助。

---

① 潘丽英.全民健身服务体系构建与运动方法研究[M].北京:新华出版社,2018:2.

我国的体育事业建设之所以能够取得以上成果,就是因为符合了我国建设中国特色社会主义国家的客观需求,受到了国家的重视和社会大众的广泛支持。但是我国体育事业的建设并不是一帆风顺的,还需要继续发展完善,目前我国体育事业的建设中还存在以下几方面的问题。

(1)仍然有部分群众对体育健身的重要性认识不足,参加体育健身的人数有限,大规模的体育活动较少。

(2)基础体育设施的数量有限,不能完全满足群众的健身运动需求。

(3)对于全民健身工作,我国还没有相应的科学技术和监测管理系统。

(4)体育相关的法律法规不健全,执行力度也比较低。

(5)现阶段的全民健身管理体制和运行机制还属于萌芽阶段,并不能适应我国的社会主义市场的经济制度。

(三)全民健身的内涵解读

国家颁布的《全民健身计划纲要》明确指出,"为了更广泛地开展群众性体育活动,增强人民体质,推动我国社会主义现代化事业发展,特制定本纲要"。从这段话中我们可以得出,群众是全民健身的主体,增强人民体质是全民健身的内容,推动社会主义现代化事业发展是全民健身的目的。

所有国民都是全民健身的主体,无论年龄、性别、民族、职业等区别,只要是中国国民,都被规划到全民健身的范围中来,这是由《全民健身计划纲要》明确提出来的。

全民健身的内容是增强国民的体质,提高国民的健康水平。在这个过程中,人们可以进行多种多样的健身活动,采取多种多样的健身手段,无须拘泥于方法和形式,只要是增强体质的内容即可。同时,增强国民体质,提高国民健康水平也是全民健身的直接目的。

全民健身的最终目的是推动中国特色社会主义现代化事业发展。从精神文化角度上看,人们能够在参与体育活动的过程中,形成积极向上的精神面貌,能够增强团结协作的意识以及锻炼团结协作的能力,能够通过体育规则增强规则意识和法律意识。从实践上看,国民能够在健身的过程中增强体质、提高健康水平,为建设社会主义现代化事业提供体质保障。全民健身计划能够从精神文化和实践两个方面,对社会主义现代化事业发展起到强大的推动作用。

二、全民健身的特征

（一）全民性与公益性

全民性体现在，全民健身的主体是全体国民，国家本着以人为本的理念，公平地为每一位国民提供健身服务，捍卫公民运动健身的权利。全民健身兼顾的是所有国民，而不是某一部分人群，真正为全体大众谋求福利。

公益性指的是，由国家出资或者由国家募集资金支持全民健身计划的开展，该项目具有非盈利性的特点，更注重的是社会利益而非经济利益。国家在全民健身计划实施过程中，为社会大众提供健身服务，推进体育基础设施的建设，组织各项体育活动，都是全民健身公益性的体现。

（二）健身性与娱乐性

健身性是全民健身最本质的特征，全民健身从根本上讲就是国民通过参加各种各样的体育活动，锻炼身体，最终实现增强体质和提高健康水平的目的。

娱乐性也是全民健身的重要追求之一，现代运动项目的娱乐性功能越来越显著，人们可以在运动健身的过程中，放松身心，交友娱乐，振奋精神，获得娱乐享受。

健身性和娱乐性是相辅相成的关系，健身性是全民健身在体质健康上的体现，而娱乐性则是全民健身在精神健康上的体现，全民健身能够从体质和精神两方面促进人的全面发展。

（三）多元性和灵活性

全民健身的多元性和灵活性可以从以下几个方面体现出来。

1. 服务对象

全民健身的服务对象是全体国民，而国民之间在年龄、体质、性别、爱好等各个方面都存在着各种各样的差别，这也就意味着想要满足全体国民的健身需求,必须要灵活地为国民提供多元化、有针对性的健身服务。

2. 投资主体

全民健身计划的顺利开展是需要大量资金支持的,《全民健身计划纲要》中提出,"体育部门要改善资金支出结构,逐步增加群众体育事业费用在预算中的支出比重,鼓励事业单位、社会团体、个人资助体育健身活动"。也就是说,全民健身计划这一项目的主体,除了政府之外还有社会团体、个人等。投资主体的多样化有助于为全民健身计划募集充足的资金,促进全民健身计划的顺利实施。

3. 工作方式

随着全民健身计划的深入开展,目前已经形成了多元化的工作方式和完善的工作体系,政府组织、社团组织、单位组织、社区组织以及民间健身俱乐部组织共同组成了全民健身工作体系,各组织相对独立,又相互联系、相辅相成,充分发挥自己的工作优势,促进全民健身系统的不断强大。

(四) 适应性

通过运动健身不断增强体质的过程,其实也就是不断适应运动负荷的过程,因此全民健身还具有适应性的特点。居民在运动健身的过程中,首先要注意确定合理的运动负荷,要遵循循序渐进的原则,对身体施加的负荷不能超过机体承受能力,使机体能够完全适应施加的负荷;其次,还要注重运动训练之后的恢复,通过按摩、理疗等方式使身体快速恢复,避免造成机体损伤。

(五) 综合性

全民健身活动是一项集健身、健美、健心于一体的活动,具有生理功能、心理功能和社会功能。从价值上说,首先,各项运动健身活动具有健身价值,能够帮助人们增强体质,提高健康水平;其次,各项运动健身活动具有娱乐价值,能够供人们放松精神,愉悦心情;最后,各项运动健身活动具有社会功能,能够作为交际手段,还能够促进社会精神文化发展。

从运动健身活动的开展形式上看,它是人的体力、智力以及外界环境助力共同参与的一种行为。其中,人的体力和体质健康状况是开展运动健身活动的基础,智力是发展运动健身技能的必要条件,外界环境也会对运动健身活动的开展产生很大的影响。

全民健身具有综合性的特点,运动健身活动的功能、价值、开展方式等都能体现出全民健身的综合性。

第二节　全民健身的作用与地位

一、全民健身的作用

(一)促进社会发展

人是社会发展过程中最具决定性的因素,只有一个社会内的人获得良性发展,社会才能够获得充足的发展动力,继而不断向前发展。社会经济的发展虽然能够使人们获得足够的食物和营养,促进人们体质的提高,但是也给人们带来了诸如亚健康、文明病等新的健康问题。运动量不足是导致新的健康问题的最主要的元凶,首先,现代化器械的使用代替了传统的体力劳动,需要体力劳动的职业不断减少;其次,随着各种家用电器和清洁机器的使用、家政服务行业的发展,人们从事家务劳动的时间也在不断缩短;最后,无处不在的便捷交通工具代替传统的交通方式,减少了人们步行、跑步的时间。此外,现代社会的快节奏生活也是引起文明病和亚健康的原因之一,整日的紧张、忙碌容易使人们产生健康问题。

而大量的研究证明,运动健身是改善人们的体质,将人们从高度紧张的精神状态中解脱出来的有效手段。经常参加运动健身活动能够防止人体机能的退化,为人们提供足够的运动量,使人们处于健康的身心状态之中。

全民健身计划是在我国国民出现运动量不足状况和亚健康问题的背景之下提出来的,目的在于增强国民体质,提高国民健康水平。目前,全民健身计划已经取得了显著的成果,使我国国民朝着全面、健康的方向发展,这为促进我国社会发展提供了有力的保障。

（二）促进社会主义精神文明建设

首先，全民健身活动能够促进社会和谐。现代社会激烈竞争的背景之下，人们普遍处于高度紧张的精神状态。如果长时间得不到情绪的释放，可能会导致各种心理问题和社会矛盾的出现，不利于社会和谐。而运动健身活动能够在人们的生活中充当解压手段，科学研究证明，运动健身活动能够有效帮助人们释放压力，获得精神的放松和心情的愉悦。因此，全民健身有助于形成和谐的社会环境。

其次，人们能够在参与运动健身活动的过程中受到健康美、形态美和道德美的文化熏陶，在全社会范围内形成一种积极向上的社会氛围。

再次，各项运动项目的展开都必须要遵循一定的规则，人们能够在运动健身的过程中增强规则意识，从而有助于在全社会范围内形成遵守法律、遵守规则的社会氛围。

最后，运动健身活动也具备交际功能，人们在运动健身的过程中会面临各种人际关系的处理，能够帮助人们找准自己的角色和定位，理清自己与他人、自己与社会之间的关系，提高个人的社会归属感和社会适应能力。

综上所述，全民健身活动的开展能够从各种不同的角度促进社会主义文明建设，促进健康、文明的社会环境的形成。

（三）促进体育产业和经济的发展

体育产业是指，能够为社会提供体育产品的同一类经济活动的集合以及同类经济部门的总和。[①] 全民健身计划带动了一大批国民参与到运动健身活动中去，为体育产业的发展创造了巨大的消费人群，这些人在运动健身活动中所使用的每一件服饰、装备、设施都为体育产业的发展提供了充足的动力。此外，人们的体育消费观念也受到全民健身计划的影响，人们对体育产品和体育服务的消费需求不断提升，消费的金额数量也在不断增多。

在体育产业发展的同时，与体育相关的体育健身、体育娱乐、体育康复、体育表演、体育广告市场、体育彩票等行业也获得了更多的发展动力，呈现出繁荣发展的态势。全民健身还能带动相关服务业，如旅游、商

---

① 官彩燕.全民健身体系研究[M].吉林：吉林人民出版社，2020.

业、交通、出版等行业的发展,从而带动整个经济的发展和繁荣。

(四)增强国民体质

增强国民体质是全民健身计划最直接的目的,在推行全民健身计划的过程中,国家采取了一系列措施,包括进行体育健身宣传、加大体育设施建设力度、组办大型体育活动等,不断让人们意识到运动健身的重要性,并吸引人们参与到体育健身活动中去。

随着全民健身计划开展的深入,运动健身已经逐渐成为人们生活中的一部分,我国的国民体质也得到了显著的提升。

二、全民健身的地位

(一)一种具有社会性的文化理念

社会性是一种文化理念存在的根本要求,社会价值是一种文化理念能否拥有源源不断的生命力的根本评价标准。全民健身计划是在中国特色社会主义初级阶段的时代背景之下提出来的,依据是我国国民的体质健康状况及运动健身需求。全民健身计划的主体是全体国民,不仅在增强国民体质健康、丰富国民精神文化生活方面起到了重要作用,对于促进社会发展也有重要意义。因此,全民健身是一种具有社会性的文化理念,并且在社会主义初级阶段的时代背景之下显示出了强大的社会价值。

(二)由法律明确规定的体育政策

《中华人民共和国体育法》明确规定了全民健身的含义:"中华人民共和国的人民,不论男女、不论老少,所有人民都应当锻炼培养自身的耐力和力量,提高身体的各个组织器官的协调性和柔韧性,增强对自己身体的操控性,强健国民体质。"将全民健身写进法律,一方面显示了国家的重视,一方面为全民健身计划的推行和实施提供了有力的保障。

(三)国家的重要战略决策

倡导国民参加运动健身活动,增强国民体质是我国一直以来的体育发展方向。自新中国建立初期,毛泽东同志就提出了"发展体育运动,增强人民体质"的体育发展指导思想,并且拉开了全民健身活动的序幕。全民健身是对我国一直以来的体育发展决策的延续和总结,是在符合我国国情的基础上提出来的,是国家的重要战略决策。

(四)一项国家级别的服务体系工程

全民健身计划是一项国家级别的服务体系工程,它是由国家领导的,具有一定的社会性与全民参与性,并且制定期间有目的、有标准,执行过程有任务、有步骤。全民健身计划的贯彻和执行,对于增强国民体质,建立健康、文明并且科学合理的生活方式具有积极的促进作用。

第三节 我国全民健身的产生与发展现状

一、我国全民健身的产生

(一)全民健身产生的外在原因

随着社会的发展和世界人民对体育健身需求的不断增加,大众体育逐渐成为体育国际发展的主流,受到越来越多人的欢迎。现代奥林匹克之父顾拜旦在1919年提出,"一切体育为大众",他认为大众体育是奥林匹克竞技体育发展的基础,只有大众体育的繁荣才能促进竞技体育的发展。在人们推动和现实需要的促进之下,大众体育发展越来越快,并对世界各国的体育事业发展产生了深刻的影响,中国"全民健身"的提出就受到了这种国际体育发展潮流的影响。

(二)全民健身产生的内在原因

1. 我国的群众体育发展相对滞后

从新中国成立之初到现在,在国家的引导和社会各界的共同努力之下,我国的群众体育已经取得了巨大的进步和显著的成果,因此这里所说的滞后性是相对于我国竞技体育的发展而言的。集中力量优先发展竞技体育是由特殊的时代背景决定的,在国家条件有限的情况下采取竞技体育保全政策,是为了最大程度地保全国家的利益。但是这种政策是以一定程度牺牲群众体育为代价的,导致了群众体育发展的滞后性,无法满足新时代国民对运动健身的需求。

在相当长的一段时间内,我国都将用于体育事业发展的资金大量投入到竞技体育领域,比如50%以上的政府财政拨款都被用在了建设各种竞技体育训练机构上,包括优秀运动队、体育运动学校、竞技体育学校等。而用于群众性体育建设的资金则非常少,以群众体育设施为例,其在数量、系统性和规模水平上都和竞技体育设施之间存在着较大的差异。此外,社会性的体育指导员、高等或是中等社会体育专业教育也都是近些年才开展起来的,特地为群众体育所开展的科研机构基本上没有,这些都显示了我国群众体育和竞技体育相比之下发展的滞后性。

因此,在新的历史条件和新的群众需求之下,逐渐将群众体育的发展向竞技体育的发展靠拢,不断缩小两者之间的差距,实现国家利益和群众利益的有机统一,是我国体育事业发展的必然趋势。

2. 党和国家对体育工作"重点转移"的要求

在国力比较薄弱的背景之下,我国在1979年提出,"省一级以上的体委继续在普及和提升结合在一起的前提之下,侧重抓提高"。之所以提出这一政策,是因为当时我国的国力不足以支撑竞技体育和群众体育两者共同发展,并且国家更需要用优秀的竞技体育成绩打开国际知名度,提高国际声誉,为中国和世界各国交流创造有利条件。所以,当时党和国家要求的体育工作发展重点,就是集中力量发展竞技体育。

随着改革开放的深入,我国经济得到了快速的发展,人们对健身运动的需求不断增加,国家也意识到了满足人民需求,增强人民体质的重要性,开始将体育发展工作的重点转向建设群众性体育上来。1995年的《政府工作报告》指出,"体育的工作所要坚持的是群众体育和竞技体育能够共同协调发展,这一方针是把发展群众体育并推行全民健身计划,普遍增强国民的体质当作重点内容"。这表明,国家已经注意到发展群众体育的重要性,并且将发展群众体育、增强人民体质作为了开展体育健身工作的重点内容。

二、我国全民健身的发展现状

(一) 全民健身受到政府重视

全民健身计划作为一项加强国民体质的长期性和系统性工程,作为实现社会主义现代化的重要内容之一,已经受到各级政府的广泛重视。各级政府已经将推进全民健身计划列为当地精神文明建设的重要内容,并且建立起了从省市到县再到各个乡镇和街道的整个全民健身计划管理体系。各级政府的重视切实保障了全民健身计划的顺利实施,也保障了当地群众的运动健身权利,为体育事业的发展做出了重要的贡献。

(二) 人们的运动健身意识不断增强

为了促进全民健身计划的顺利实施,我国还围绕其开办了一系列配套活动,比如从1995年开始,我国就设立了每年一次的"全民健身宣传周"活动。在"全民健身宣传周"活动的影响下,越来越多的国民意识到运动健身的重要性,并且逐渐参与到运动健身活动中去,运动健身也逐渐成为很多人日常生活中的重要部分。

根据调查数据显示,我国现阶段每年参加到全民健身宣传中的人群已经达到近3亿之多,并且人们逐渐将宣传周的外围扩大,发展出许多形式丰富多彩的宣传活动,比如各地举办的体育节、体育艺术季、全民健身体育节等,这些活动的影响力更大,吸引力更强,已经有越来越多的人参与到这些活动中去。此外,针对全民健身计划在广大农村地区的开展,农业部联合中国农民体育协会和国家体育总局,共同开办了"亿万农民健身活动",并且取得了良好的效果,促进了全民健身计划在农村地区的顺利实施。国家体育总局还主持举办了非奥运项目的全国体育大会,也对全民健身计划起到了良好的宣传作用,吸引越来越多的人参与到全民健身中去。

在国家和各级单位的大力宣传和推进之下,我国国民的运动健身意识不断增强,参加各种运动健身活动的兴趣也在不断提升。

(三) 群众体育工作队伍不断壮大

随着全民健身计划开展的深入,各级政府给予了其充分的重视,其中的一个重要表现就是对群众体育工作队伍的建设不断增强,群众体育工作队伍不断壮大。省级的体育行政部门当中,干部总人数当中群众体育干部的数量比例在不断增加,在省、地级市、县的体育事业单位当中,群众体育工作的从业人员不断增加,省级的体育总会中不论是专职还是兼职的人员数量都有所提升,除此之外,乡镇、街道等专职的体育工作人员都有了大幅提升。

(四)全民健身的组织网络逐步完善

随着全民健身计划的实施,我国的体育体制也在不断发展变化,并且逐渐形成了中央、省、市(地)、区(县)、街道(乡镇)的分层网络组织,全面覆盖全国的各个区域,为全民健身计划在各个地区的实施都提供了有力的保障。群众体育健身活动的不断发展,使得其基本阵地变得多了起来,这也是全国体育社会团体不断增加的原因,城乡社区的体育指导站和活动点都属其阵地的范畴。现阶段,我国社会体育已经具有其特有的性质并形成了群众体育的组织网络,其组成主要是以体育社会团体为线、以基层体育指导站和活动站为点,点线结合起来就组成了覆盖十分广泛的带有社会化性质的网络。

(五)以青少年为重点的学校体育得到增强

在学校体育教学内容方面,教育部在全民健身的背景之下,对学校体育教学内容进行了改革,并且推进国家体育局针对其改革后的内容制定了《国家体育锻炼标准》,还要求学校将其纳入考试内容。此外,为了增强青少年的体质,促进青少年的全面发展,体育部门还和教育部门联合制定了《少年儿童体育学校管理办法》《体育传统项目学校管理办法》等文件,充分显示了少年儿童主体在全民健身计划中的重要性。

在学校体育设施建设方面,国家和各级体育行政部门对学校的体育设施建设表现出了充分的重视,将增强学校体育设施建设作为发展学校体育、增强青少年体质健康的最基本的要求。目前,学校体育设施建设的主要资金来源为体育彩票公益金,这项资金还被用来创办青少年体育俱乐部。对学校体育设施建设的投入是一项长期工程,国家将逐年投入、稳步发展作为了发展理念,逐渐促进学校体育设施和活动场所形成网络体系。

第一章　全民健身背景解析

（六）全民健身的激励机制更趋完善

建立激励机制，对取得良好政策实施效果的单位和个人进行表彰，是我国常用的推进政策贯彻落实的手段，有利于激发各级单位和个人的积极性，保障政策的实施效果。在推进全民健身计划的过程中建立和完善激励机制，能够充分激励各级体育单位和个人落实全民健身计划，保障全民健身计划在全国范围内顺利开展。

通过表彰体系，我国从上至下将取得良好落实效果的地区，命名为全国体育先进省、全国体育先进市、全国体育先进区（县）等；对于在"全民健身活动"宣传周中获得良好宣传效果的各级单位，也给予了优秀单位的称号。此外，国家体育部门还和教育部门联合，对于推动《全民健身纲要》良好发展的单位和个人工作者进行表彰；和农业部、中国农民体育协会联合表彰推动全民健身计划实施的乡镇；与国家民委进行联合表彰推动民族体育发展的模范集体和个人等。

（七）全民健身的场地和经费不断增多

就健身场地来说，自从全民健身计划开展以来，我国不断加大对全民健身场地的建设力度，并推动了健身场地数量的快速增长。为了进一步解决健身场地不足的问题，我国还将大量的公共体育场地向社会公众开放，并采取有效手段和措施，推动全民健身场地利用率的提高。

就经费来说，首先，群众体育建设最重要的资金来源就是体育彩票，国家会将体育彩票总收入的50%都作为开展全民健身计划的资金投入，这些资金能够达到数亿元之多，为推进全民健身计划的顺利实施提供了极大的资金保障。其次，中央和各级地方政府充分重视全民健身计划的开展，每年都会为该计划的开展划拨专门的财政资金，以支持该计划的实施；最后，政府还广泛向社会各界筹集资金，吸纳企业、个人的资金作为全民健身计划开展的资金支持。

第四节　我国全民健身的发展趋势与对策

一、我国全民健身的发展趋势

（一）全民健身将成为一种普遍流行的社会现象

随着经济的发展和人们对生活质量要求的提高，参加全民健身运动、增强个人体质已经成为全民共识，目前这个时间节点正是中国体育事业发展的难得机会。越来越多的人将运动健身变成了自己生活中不可分割的一部分，"健身就是工作、健身就是健康、健身就是高的生活质量"的理念将越来越深入人心。

在人们的健康观念不断转变、运动健身需求不断增加的未来，全民健身将会成为整个社会普遍接受的生活方式，成为一种在全社会范围内普遍流行的社会现象。

（二）全民健身工作将以科学性、时效性和普及型为目标和重点

全民建身计划是针对国民体质下降和人民群众运动健身需求增加的状况提出来的，最终目的是以增强国民体质的方式促进社会主义现代化的发展。党和国家都充分重视群众体育事业的发展和全民健身计划的实施，国家体育总局提出要紧紧围绕党和政府的中心任务来开展全民健身工作，强调从基本国情出发，与时俱进，在改革中推动全民健身发展，在创新中实现全民健身的进一步完善。

为了实现上述目标，要求我国在推进全民健身计划的过程中，必须要将本国的基本国情作为现实基础，要充分把握工作发展的客观规律，要对以往的发展经验进行总结和改进。此外，还要进行深入的调研，从真实数据中了解全民健身计划的发展现状，获取有关大众喜欢的健身项目、大众喜欢的运动方式等信息，在充分掌握现实状况的基础上，为全面健身计划的开展设计合理的方案，提供科学的指导，使我国的群众体育朝着科学化、合理化的方向发展。

（三）全民健身将要走一条社会化之路

随着改革开放的深入，我国的政治体制和经济体制也进行了一系列的改革，政府由管理型政府转变为服务型政府，经济体制也由计划经济转变为社会主义市场经济体制。与之相对应，我国的全民健身也逐渐走向了社会化发展道路，从原来的政府集中管理转变为政府和社会集中管理，政府在其发展过程中主要起到宏观调控的作用，协调、监督和引导其发展，而其主要的发展力量也转变成了事业单位、群众性体育组织等社会单位和团体。

（四）全民健身向艺术化方向发展

1. 全民健身向艺术化方向发展具有必然性

（1）全民健身的艺术化发展是全民健身进一步发展的需求。
（2）全民健身的艺术化发展是社会文化发展的必然要求。
（3）全民健身的艺术化发展是人类全面发展的需求。

2. 全民健身向艺术化方向发展的具体体现

（1）体育项目的艺术化

全民健身中艺术性体育项目的比重不断增加。

表1-1为常见的艺术性体育项目。

表1-1 常见的艺术性体育项目[①]

艺术性体育项目分类	代表项目举例
引进艺术的体育项目	土风舞 秧歌舞 街舞 形体姿态舞 体育舞蹈 迪斯科等

---

① 徐益雄.全民健身背景下我国健身健美运动的推广与实用指导[M].北京：中国书籍出版社，2019：32.

续表

艺术性体育项目分类	代表项目举例
艺术体育的项目	健美操 艺术体操 团体操 花样滑冰 花样游泳 花样跳伞 花样轮滑等
亚艺术体育项目	竞技体操 武术 单板滑雪 马术 跳水等
潜艺术体育项目	舍宾 冲浪 瑜伽等

表1-1列举的这些常见的艺术性体育项目,已经成为我国全民健身活动中的重要体育项目类型,受到广大人民群众的广泛欢迎,其在各类体育项目总量中所占据的比例也在不断上升。

(2)全民健身形式的艺术化

随着全民健身发展的深入,人们对运动健身的要求也在不断提高,进行运动健身的目的已经不再局限于锻炼身体,而是希望在运动健身中促进身心的协调发展,获得身体和精神上的双重放松和满足。在这种背景之下,集健身功能、娱乐功能、观赏功能、交际功能等于一体的艺术化健身形式逐渐受到健身爱好者的追捧,全民健身的形式也逐渐向着艺术化的方向不断发展。艺术化的健身形式具有以下几种特点。

①往往伴随着音乐伴奏,如各种健美操、体育舞蹈等。
②健身活动场地具有一定的艺术特色。
③往往兼具运动健身、艺术表演和娱乐比赛于一体。

(五)与全民健身有关的国民体质建设将进一步加强

全民健身是国民体质建设的重要途径之一。人的体质受到多种因素的影响,其中最主要的因素有三个,其一为人的遗传因素,其二为营养因素,其三为体力活动因素。其中,遗传因素是天生的,由人的先天基因决定,不能被改变,所以人们要改善体质,只能从营养因素和体力活动因素两个方面入手。而想要改变体力活动因素,最有效、可操作性最强的手段就是进行体育锻炼。体育锻炼能够改善人的神经系统功能,提高人们循环系统、呼吸系统的功能水平,促进人体运动系统功能和机体适应能力的增强。因此,想要进行国民体质建设,促进国民体质水平的提高,最重要的就是要坚持全民健身计划,未来全民健身计划的发展也将会继续和国民体质建设相结合,下面我们将对国民体质建设进行相关阐述。

1. 国民体质建设的必要性

（1）落实《中华人民共和国体育法》和《全民健身计划纲要》的必要措施。

（2）促进全民健身活动朝着科学化、合理化方向发展的必然要求。

（3）促进全民健身活动深入发展的重要手段。

2. 进行国民体质建设的主要手段

（1）树立新的健康理念
①引导国民树立科学合理的新型健康观念。
②引导国民树立新的大卫生观。
③引导国民形成新的生活方式。
④密切关注疾病的新发展以及新型疾病的出现。

（2）建立国民体质监测制度和网络
国民体质监测制度和网络在国民体质建设中具有十分重要的意义,能够及时对国民体质状况进行监测和反馈,总结上一阶段的建设效果,为下一阶段的建设工作提供依据。其中,监测制度是对国民体质进行监测的根本保障,监测网络是对国民体质进行监测的重要手段。

（3）创建科学的健身指导系统
首先,要加强对社会体育指导员的培养,加强社会体育指导员队伍建设,为创建科学的健身指导系统提供人才资源保障。
其次,在创建的过程中要注意健身系统的科学性和实效性。

（4）加强体质学的研究
①加强对体质作用的研究,引导国民充分重视体质的重要作用。
②加强对与体质相关的学科的建设,加大对体质相关学科人才的培养力度。

③加强各学科之间的交流,加强国内外的学术交流。

二、我国全民健身的发展对策

(一)我国全民健身发展过程中存在的问题

1. 青少年健身意识不足,中老年人健身活动缺乏科学引导

表1-2为我国各个阶段的青少年参加体育锻炼情况的调查结果。

表1-2 我国各个阶段的青少年参加体育锻炼的情况[①]

年级		经常参加体育锻炼	从不参加体育锻炼
初中	初一	67%	8%
	初二	58%	
	初三	39%	
高中	高一	65%	10%
	高二	52%	
	高三	23%	
大学	大一、大二	67%	5%
	大三、大四	45%	24%

根据表1-2的数据我们可以看出,我国青少年参加体育锻炼的情况不容乐观,经常参加体育锻炼的人数占总体比重较小,还有一些学生甚至完全不进行体育锻炼。导致这种情况的原因主要是学生的健身意识不足,没有认识到体质健康的重要性。

目前,中老年已经成为参与全民健身的主要人群,运动健身在中老年之间已经成为一种时尚,这对于增强我国中老年人的体质,提高中老年人群的健康水平具有重要意义。但是中老年在参与全民健身的过程中也存在一定的问题,其中最明显的就是缺乏科学引导的问题。

首先,因为缺乏专业人士的指导,中老年在运动健身中可能会选择错误的运动项目以及确定错误的运动负荷,不仅达不到增强体质的效

---

① 顾惠亚,王晓军.全民健身路径与公共体育服务体系建设研究[M].北京:九州出版社,2018:18.

果,还有可能适得其反,造成运动损伤,损害中老年人群的身体;其次,因为没有经过专业的运动训练和指导,中老年可能会在运动健身的过程中采用错误的训练方法,进行错误的动作,导致无法发挥运动项目的效益,造成身体损害等。此外,中老年人群在参与运动健身的过程中表现出来的随意性比较强,受到心情、气候、闲暇时间等因素的影响较大,缺乏持续性和系统性,可能会导致运动健身的效果不佳。

2. 目前我国体育社会化程度还比较低

虽然近年来我国的群众体育得到了较为快速的发展,但是从总体水平上来看,我国体育社会化程度依旧比较低,和发达国家之间还存在着比较大的差距。首先,在体育价值观念上,我国群众在很大程度上还是将体育运动作为一种强身健体的手段,忽视了运动健身在文化、心理上的作用,没有将体育运动和精神文化联系起来,体育社会化还没有完全形成。我国群众之所以还保留着落后的体育价值观念,从深层次来说,和我国的生产力、经济发展水平相关,从浅层次来说,和我国群众的受教育水平等有关。其次,我国的休闲、健身活动项目策划水平较低,没有进行项目的宣传,使休闲健身活动项目的吸引力和生存能力不强,而且休闲、健身活动资源开发不足。这些原因都会导致我国体育社会化程度的发展水平较低且发展速度缓慢,促进我国体育社会化还有一段很长的道路要走。

3. 仍然存在比较明显的体育资源缺乏问题

虽然近年来我国在体育资源建设上进行了大量投资,体育资源的数量也有了快速的增长,但是我国体育资源匮乏的问题仍旧是制约全民健身的主要因素。通过观察可以发现,我国67.17%的运动健身场地分布在学校,其他分属于各个企事业单位,这些体育资源大多数不对外开放,即使对外开放也存在一定的条件,根本无法供居民正常使用。而真正供普通居民使用的运动健身场地和运动健身设施在数量上存在较大的缺口,无法满足所有居民的运动健身需求,居民只能开辟各个公园、广场或者居民楼下的空地等作为运动健身的场所,但是同时也引发了安全问题、扰民问题等一系列社会问题,不利于全民健身计划的实施和开展。

（二）促进我国全民健身发展的对策

1. 充分发挥学校的功能，培养青少年的体育运动兴趣

学校是教书育人、促进青少年全面发展的重要场所，除了学科知识教学外，体育教学也是其重要教学内容之一。学校承担的具体体育教学任务为：对学生进行体育卫生教育、向学生传授体育方法、为学生安排体育场所、指导学生进行体育活动。《全民健身计划纲要》中明确指出，青少年是践行全民健身计划的重点关注人群，因此学校必须依据《全民健身计划纲要》的要求，发挥其教学功能，履行对青少年进行体育教学的任务，增强我国青少年的体质。在教学过程中，学校要不断改进和完善体育教学的内容和方法，充分利用学校丰富的体育资源，开展形式多样的体育活动，建立合理的成绩评价机制，激发学生参加体育运动的兴趣，引导学生树立健康的运动观念。同时，学校还要注重体育教师队伍的建设，广泛吸引体育人才，不断提高教师素质和专业素养，改善体育课堂质量。

2. 做好全民健身的组织领导工作，加大对全民健身的宣传力度

全民健身工作的顺利开展离不开科学的组织领导和宣传工作。首先，各级行政单位要在《全民健身计划纲要》的要求之下，本着"以人为本"的观念，切实将推进全民健身计划的实施作为精神文明建设的重要任务，推进本地区群众体育的发展；其次，要从制度上为全民健身计划工作的开展提供保障，将各级单位的全民健身计划开展状况纳入本单位绩效考评之中，督促各单位认真实施全民健身计划工作；最后，各地区、各单位还要进一步解放思想，改变长期在计划经济体制下管体育、办体育的工作模式和思维方式，树立服从和服务于大局的观念，增强市场意识，以社会化为突破口，进一步协调好有关部门和单位的关系，精心打造群体活动品牌，努力构建具有特色的全民健身服务体系，最大限度地满足大众的实际需要。

3. 完善体育资源建设，健全保障机制

体育资源问题是阻碍全民健身计划开展的重要因素，目前我国除了存在体育资源匮乏问题，还存在体育资源分布不均衡的问题，主要表现为一二线城市的体育资源比较丰富，而经济发展比较落后的城市的体育

资源比较缺乏；城市的体育资源比较丰富，乡村的体育资源比较缺乏等。

面对这种状况，各部门在开展全民健身计划工作的过程中，首先是要充分认识到本地区在体育资源建设上的不足，充分发挥政府资源调配的功能和服务功能，在国家关于城市公共体育设施用地定额和学校体育场地设施规定的基础上，结合本地区的实际状况，将体育资源建设纳入到本地区的整体发展规划之中；其次，要充分认识到乡村体育设施建设的重要性，加大对农村体育资源的建设力度，发挥农村地区在促进全民健身计划工作开展中的作用；再次，要完善体育场馆和资源的全面布局，谋求公共体育场馆与社区体育设施的联动，最大限度地为群众提供健身场地与设施；此外，为了获得更多的体育设施建设资金，还可以向事业单位、社会团体以及个人等进行资金筹集，拓宽体育资源建设的资金来源。

第二章　体育教师概述及其培养现状

　　体育教师是"授健身强体之知识,铸健康强壮之体魄"的社会体育人才,是办好体育教育的关键。在信息化时代及全民健身背景下,体育教师的社会地位越来越高,社会价值越来越受认可,因而国家也积极致力于对优秀体育教师人才的培养,不断提升体育教师的专业素养和综合能力,使其适应社会发展与学校体育教育改革的要求,适应全民健身发展的需要,推动学校体育教育及社会体育的不断发展。本章主要就体育教师的基本知识及其培养现状展开阐述分析,主要内容包括体育教师职业的产生与发展、劳动特征和时代特征、任务与职责及其培养现状与策略。

第一节　体育教师职业的产生与发展

一、体育教师职业的产生

（一）人类教育活动的产生促进了体育教师的出现

　　古代人类为了在"自然环境"中生存和发展,不断认识和改造自然,并用勤劳的双手与聪慧的大脑去生产物质生活资料。在长期求生存、求发展的过程中,掌握了劳动、生产等方面的知识与经验,一些部落、氏族的首领,富有经验的长者,便有意识地将劳动工具的使用方法、生产知识、生活经验、生活习俗、行为准则等传授给下一代,形成了原始社会时期的教育活动。在原始劳动与生产活动中,尤其是在狩猎、捕鱼过程中,体育活动开始萌芽。原始社会体育活动中,老年人、能人,部落、氏族首领成了年轻人和其他人的"教师",但没有今天意义上专门的教师职业。

中国古代的学校体育经过不断的发展后,虽然也有传授射箭、剑术等体育技能方面的教育,有传统武艺、军事体育的传授者,但都不是专职的体育教师,但不可否认的是,人类早期体育和教育的出现为体育教师职业的产生奠定了重要基础。

(二)社会生产力的发展推动了体育教师职业的产生

随着社会生产力的不断发展,人们的生产经验和生活经验越来越丰富,各行各业的专业化程度也越来越高,由此也促进了专业化知识体系的逐渐形成,出现了如天文、地理、算术、历史、医学和教育等专业。据历史记载,最初的体育是与音乐、舞蹈密切结合的教育活动,后来慢慢向各自的方向发展,如舞蹈强调肢体的表现力,音乐突出声调的表现力,而体育则强调身体的活动与锻炼形式。体育渐渐从原来的"大体育"中分离出来而形成了独立的知识体系,并逐渐形成了科学化、理论化与系统化的特点。

二、体育教师职业的发展

(一)在数量与质量方面的发展

我国近代教育史上培养体育师资的专门学校与体育专业的产生促进了体育教师数量的增加和质量的提高。从辛亥革命结束至1949年,我国各地陆续开办培养体育教师的体育学校,高校开设体育专修科,专门培养体育教师。社会经济的不断进步和发展使我国教育事业呈现出良好的发展态势,再加上西方体育思想的传入,人们对学校体育课的认识也不断发生改变。而且学校体育活动的开展对体育教师也有了大量的需求,但体育教师数量少,与实际需求的差距很大。但据不完全统计,自清末至1949年,全国体育专业毕业生人数仅1万人左右,而其中大部分毕业于体育专科学校,四年制本科毕业生非常少。

新中国成立后,党和政府十分重视学校的体育工作,采取一系列措施加强对学校体育工作的指导,提高了体育在学校教育中的地位。由此,体育教师在学校和社会上也越来越受尊重和重视。为了适应学校教育的发展需要,国家还加强了对体育教师队伍的建设和培养。据不完全统计,至20世纪末,全国已有170多所高等师范院校和近200所中等师范学校设有体育班,每年培养出1万多名中小学体育教师。

伴随着我国教育体制的深入改革,对体育教师工作者提出了较高的要求,体育教师队伍的建设既要满足数量上的需求,同时也要在质量上有所提高。体育教师既要有良好的知识结构和较高学历,同时还要有胜任体育教育教学工作的能力。进入21世纪以来,我国全面提高教师队伍的规格标准,在现实办学条件下逐步扩大培养规模,提高办学质量,培养高层次、高学历的体育教师队伍。但从我国中小学体育教学的发展现状来看,体育教师还存在数量少、业务能力水平不高、综合素质水平较低的问题,尚不能满足体育教学改革的需要和社会发展的需要。

(二)在技能与能力方面的发展

20世纪20年代左右,随着西方近代体育思想的传入,德、智、体全面发展的育人思想受到有识之士的重视,尤其是在五四新文化运动的推动下,球艺、田径等项目成为学校体育课的教学内容与课外体育活动内容。体育教师的主要任务是传授技术技能,当时以传习运动技艺为主的教育思想在体育教师队伍中根深蒂固。

中华人民共和国成立之后,我国学术界对体育教学思想、观念进行了深入探讨,体育教学从"单纯技术观点"和"凭兴趣出发的观念"逐步转向为增进学生健康、为劳动生产和为国防建设服务的观念。

进入21世纪,促进学生身体健康、增强学生体质的体育教学观念越来越受学校体育教育工作者的重视,体育教师的技能也随之发生变化,从过去重传授运动技艺转向重学生的身体锻炼。体育教师的技能和能力随着社会经济、政治、教育等方面的发展而不断提升,体育教师的知识、技能与能力结构也不断发生变化。随着体育教师社会角色的变化、教育专业化的要求以及知识的海量增长,必须重视提高体育教师的综合素质,提高体育教师队伍的整体水平,从而推动我国体育教育事业的发展。[①]

[①] 朱峰,宁雷. 21世纪体育教师[M].沈阳:东北大学出版社,2009:6.

第二节　体育教师的劳动特征和时代特征

一、教师的劳动特征

（一）复杂性

教师的劳动非常复杂，这是由教育过程、教学对象这些复杂的因素所决定的。教学过程中又包含教学内容、教学方法等要素。因此说教师劳动的复杂性是由各个教学因素所决定的。

第一，教师面向人（学生）开展工作，人是复杂的生物，有思想、有个性、有感情、有主见，不同学生表现出不同的一面，多样化的教学对象增加了教师劳动的复杂性。

第二，在教育活动中，教师可采取多种多样的方式与途径来积极教育和影响学生，这些教育方式本身就是复杂的，从而使得教师的劳动也是复杂多变的。

第三，教学内容本身所具有的专业性对教师教学的技巧与能力提出了较高的要求，也增加了教师劳动的难度。

（二）繁重性

现代社会发展对教师职业提出了非常高的要求，教师因而面临着艰巨的教学任务，从而决定了教师劳动的繁重性。现代教育改革要求教师要培养德、智、体、美、劳等多方面素质全面与协调发展的人才，教师既要向学生传授课本知识，培养学生的文化知识素养，又要培养学生的思想品德，关注学生的健康；既要在课堂上传授知识与技能，又要在课余时间组织课外活动并带领学生参与；既要对学生的校园学习与生活给予全方位指导；又要对学生的校外生活与交往予以关心和引导。可见教师的任务多么艰巨，教师必须付出大量的时间、精力和心血才能完成好这些任务。

（三）长期性和连续性

人的身心发展规律与特点以及教育的规律性决定了教师劳动的长期性和连续性，下面具体展开分析。

第一，人的成长是伴随人一生的，人不可能短期内就实现各方面的成长与发展，这是由人的身心发展特点所决定的。不管是掌握知识，树立观念，还是培养习惯，都需要长期的努力和反复的实践。因此教师的劳动是长期的，教师要在长期的教学生涯中对学生的综合素质进行培养。教师的劳动必须是持之以恒的，只要在岗一日，就不能间断，不能松懈，更不能脱离工作。教师要有长期的教学计划和方案，要按照计划有序开展教学工作。

第二，我们在长期的教育教学实践中总结出了重要的教育规律与教育原则，其中典型的"循序渐进"教学规律与原则充分反映了教师劳动的长期连续性。

（四）创造性

教师的劳动同样具有创造性。苏联著名教育家马卡连柯说过："教育学是最辩证的、最灵活的一种科学，也是最复杂、最多样化的一种科学。"[①] 教师劳动的创造性表现如下。

第一，教师在教书育人的过程中不停探索学生的内心世界，总结学生的成长成才规律，并根据学生的个体差异而因材施教，创造适合不同学生的教育方法，促进全体学生的进步与发展。

第二，学生的成长成才及全面健康发展受到校内外、主客体等多方面因素的影响，教师在教育工作中要善于将积极的影响因素利用起来去培养学生，同时也要巧妙化解与消除不利因素的弊端。教师对各种影响因素的运用讲究"巧"和"新"，不能用一套固定方式去不加选择地利用所有因素，而要在综合判断、准确预测的基础上对各要素进行巧妙利用，并不断创造新颖的教育环境来积极影响学生，这对教师的创造劳动能力是一个很大的考验。

---

① 赵顺来，车锦华. 体育教师学 [M]. 北京：中国科学文化出版社，2003：28.

二、体育教师的劳动特征

体育教师是教师队伍的重要组成部分,所以体育教师的劳动同样具备教师劳动的一般特征,此外因为体育学科和体育教学的特殊性,体育教师的劳动也具有自身的独特性。

体育教师与其他学科的教师一样都是面向学生而展开工作,都是以教书育人为主要目的,在教学中也都要完成复杂而繁重的任务,要有高度的责任感,要长期连续不断地工作,要富有感染力,也要进行创造性教学。体育教师与其他学科教师的这些共同点是由体育学科教学与其他学科教学的共同点所决定的,主要表现为都要遵循教学的一般规律和学生的身心发育规定,都要有计划、有组织、有目的地开展课堂教学和课外教育工作,都要培养学生德智体美劳各方面的素质。但体育学科与其他学科相比也有明显的不同之处,如文化课教学以文化知识、技能的传授为主,而体育教学则以身体练习为主,科学知识为辅,学生在学习中既有思维活动,也有身体活动,二者紧密结合才能将体育知识、技能及各种练习方式牢牢掌握,才能锻炼身体、增强体质、提升运动能力和体育素养。体育教学与其他学科教学的区别决定了体育教师劳动的独特性,表现如下。

(一)劳动对象的广泛性

体育教师接触的学生相比于其他学科的教师更多一些,体育教师更为深刻地影响着学生。体育教师不仅给多个班级的学生上体育课,而且学校的课外活动、运动会、课余训练、体育比赛以及其他一些集体活动等大都是由体育教师负责组织与管理的,所以体育教师有很多机会大面积接触学生,在广泛而频繁的师生接触中,学生被体育教师健康的体魄、丰富的运动知识、高超的运动技能、崇高的体育精神以及洒脱的气质而深深吸引,受体育教师的影响非常大。因此,体育教师要不断提升自己的业务能力和综合素质,从而在各个方面都积极影响学生,使学生在潜移默化的熏陶中也成长为像教师一样优秀的人才。

（二）劳动任务的多样性

体育教师的工作复杂而繁重，主要是因为教学对象复杂、工作任务多、劳动过程涉及很多教学因素，等等。

体育教师既要像普通教师一样教书育人，又要关注学生的身心健康，促进学生体质健康和学习进步，如改善学生的形体，增强学生的身体机能，提升学生的运动素质，使学生具备良好的体能素质，并将体育知识和技能掌握好。此外，对于有运动天赋的好苗子，体育教师还要科学选材与重点培养，输送优秀的体育后备人才。体育教师除了要培养学生的体能素质、运动能力，还要培养学生的体育道德、体育精神，促进学生全面发展。

体育教师在教学中面对的学生都是有个性的独立个体，他们的健康水平、运动基础、兴趣爱好、特长优势等都有个体差异，所以体育教师不能搞"一刀切"，而要因材施教，从不同学生的实际情况出发组织开展教学工作，以增强所有学生的体质，鼓励学生发挥自己的优势和个性，满足学生的兴趣爱好和体育需求，同时抓住学生的优势而培养专项特长，进而培养优秀的体育人才。此外，体育教师还要将体育教育、卫生教育、健康教育结合起来，培养学生健康的卫生习惯和科学的生活方式。

（三）劳动范围的社会性

体育教师面向学校学生开展教学工作，也面向社会开展体育指导工作。学校举办体育比赛或派代表参加社会上的一些体育比赛时，要由兼任体育教练的体育教师带队，体育教师带队参加比赛的工作具有社会性。此外，社会一些企事业单位组织体育活动时，会邀请优秀体育教师进行指导和帮助，这说明体育教师的劳动范围不局限于学校，也面向社会，面向大众，这也反映了体育教师在全民健身发展中的重要性。

三、体育教师的时代特征

随着社会的进步和科技的发展，学校教育的改革越来越全面而深入，体育教学的改革取得了显著的成就，但要进一步适应社会发展的需要，要求学校体育工作者突破传统思维模式，勇敢探索，大胆创新，抓住新时代给教育事业发展带来的新机遇,迎接科技革命的挑战,走出一条健康、稳定的可持续发展之路。新时代的发展在体育教师身上刻下了重要的时代印记,我们也从体育教师身上看到了鲜明的时代特征。

具体而言,体育教师的时代特征表现在以下几个方面。

(一)知识技能的创造者与传播者

1. 体育教师应该成为知识技能的设计者和创造者

体育教师应成为学生掌握知识技能的真正引导者,转变教学观念,启发学生探索真理、主动学习,培养学生良好的自主学习习惯。体育教师应熟悉教材,不断获取体育教育知识信息,整合信息而制作电子课件,供学生学习之用。体育教师应通过计算机及网络技术发布自己的研究成果和开展各种讨论、交谈或咨询等活动,活跃教学气氛。在学生自主锻炼实践中,教师可提供各种锻炼处方供学生选择。体育教师的工作是不断创造学习方法、锻炼手段,创造各种有价值的信息,从而供学生学习之用。因此,体育教师应成为体育教学理论与实践信息的设计者、创造者。

2. 体育教师通过指导学生学习来传播体育知识

体育教学中,体育教师要改变传统的"领头羊"教学模式,成为真正的导师,而不是成为学生的完全依赖。这种导师作用的程度是随学生年龄的增加而强化。体育教师依赖于不断创造的教学知识、信息而发挥导师作用,并起到监控和调控的作用,以指导、督促学生有效学习。

(二)具备高素质、高智能

体育教师的素质将越来越高,仅仅掌握专业范围内的知识已远远不够,他们以综合的知识充实自己,这需要教师具有良好的敬业精神和吃苦耐劳、勇于探索创新的精神,从而不断了解新技术、新理论和新方法。

聪明和智慧是控制教学效果的主要财富,体力型体育教师占主导的时代将成为过去,智慧、观念比知识本身更重要。未来的体育教学要做到针对每个学生个体的实际情况而提高其健康水平、学习能力及综合素质。在这一要求下,体育教师的指导能力、信息能力、预测能力、科研能力、分析问题与解决问题的能力将大大提高。体育教师将具备高素质、高智能,成为名副其实的体育教育家。

(三)科研型人才

体育锻炼是科学的,又是严密的,先进的教学媒体部分替代了体育教师传播知识的传统途径,教师的教学形式也发生了变化。这种变化来自体育教师的科学实践与科学研究,通过研究创造出各种教学方法,使教学变得更有效。体育教师开展创造性教学活动依靠的就是科研意识和科研能力。在信息化社会,体育教师要更好地发挥创造力,更好地为体育教学服务。体育教师要成为科研型人才,不断适应未来的教育。①

第三节 体育教师的任务与职责

一、体育教师的任务

现代体育教师的任务不仅仅体现在学校体育教学上,还体现在学校运动训练、体育比赛以及社会体育指导中。下面对体育教师的主要任务展开具体分析。

(一)体育教学任务

1. 培养学生健康体魄,增强学生体质

体育教学的首要目标是增强学生体质,因此培养学生健康体魄成为体育教师作为学校专职教师的首要任务。体育教师应了解青少年学生的身心发展规律和特征,了解学生的体质类型和差异,从青少年的健康状况出发而组织体育锻炼活动,引导学生积极主动锻炼,促进学生生长发育,培养学生良好的身体形态,增强学生的身体机能,促进学生身体素质的协调发展,并不断提升学生适应环境的能力,使学生在正常生长发育和身心健康的基础上谋求更好更长远的发展。

---

① 曲宗湖.体育教师的素质与基本功[M].北京:人民体育出版社,2002:21.

2. 传授体育知识和技能,培养学生的锻炼习惯

提升学生的体育理论知识素养和运动技能水平也是体育教学的重要目标。因此,体育教师还要完成传授体育知识与技能,培养学生良好运动习惯的教学任务。在体育理论教学的基础上,使学生学习与掌握运动技能,掌握体育锻炼的原理和方法,掌握适合自己的运动处方,能够采取科学、丰富、有趣的方式来巩固技能和提升运动能力,养成终身体育锻炼的习惯。

3. 对学生进行健康教育和思想教育

体育教学和健康教育、思想教育密不可分,要培养全面发展的人才,就要将健康教育和思想教育融入体育教育中。因此,体育教师除了要完成上述两项教学任务,还要对学生的健康素养、健康行为习惯以及良好的思想品德进行培养,使学生成为身心健康、朝气蓬勃、道德高尚、个性完善、学习进步的新一代接班人。

体育教师要高质量完成上述体育教学任务,并根据具体的教学目标和教学现状而有所侧重,但不可偏废。

(二)运动训练任务

运动训练是学校体育的重要组成部分,是广泛开展学校体育活动,提高学生运动水平的重要形式,是实现学校体育目的的重要途径。学校的运动训练同学校体育竞赛密切联系。在体育师资缺乏的当下,体育教师要承担起学校运动训练的任务,要具备运动队训练和管理能力以及带队参加比赛的能力。

体育教师在学校运动训练工作中为完成好训练和比赛任务,要注意以下几点。

1. 从实际出发

体育教师要根据地方和学校的总体计划和现实条件安排运动训练各项工作,坚持从俭办训的原则。要求根据受训学生的个体差异来进行区别化训练,合理安排运动负荷,实现训有所得,训有所成的目标。

2. 统筹兼顾

协调好校内外多方面的关系,如体育、卫生、教育、共青团组织、家

长、教师、学生、年级及校领导多方面关系,争取获得多方面支持。

3. 变化与发展

无论是体育教师训练工作的变动还是对训练项目及队员的调整,都要从实际出发,要有计划、有目的,要有长远的发展眼光,制订长远的训练计划,提高训练的科学性、规范性与实效性。在运动训练中要杜绝拔苗助长,避免过早的专项化训练,以基础训练为主,打好各方面的基础。

(三)社会体育工作任务

随着社会的不断发展和人民生活水平的提高,人们对健康有了新的认识,而促进健康最有效的路径——体育锻炼则成为现代人生活的重要内容。这给学校体育提出了新的任务,体育教师不仅要完成教学任务,要进行运动训练,还要承担部分的或必要的社会体育工作任务,如积极宣传全民健身活动,发挥自己特长,指导群众体育锻炼,为社会服务,尽到社会体育指导员的责任。

二、体育教师的职责

体育教师的职责与其劳动特征、时代特征以及要完成的教学任务息息相关,具体要履行如下几项职责。

(一)培养学生健康体质

这是体育教师的首要职责。增强学生体质是体育教学的出发点和归宿。体育教师发挥主导作用,根据学校体育教学的目标和要求,充分利用各种有利因素引导学生主动学习体育知识、技能,培养学生的体育兴趣,发展学生的个性,使学生养成锻炼身体的好习惯,为终身健康打好基础。

(二)组织实施体育教学

体育教师的体育教学职责主要包括制定体育教学文件,组织实施体育课堂教学,进行体育教学考核与管理。

(三) 运动训练与运动竞赛

这是体育教师不可推卸的职责。体育教师兼任教练员，负责学校运动队训练工作，同时又是一名组织者，负责学校体育竞赛活动安排。

(四) 进行体育学术研究

体育教师要在自己的专业领域做出成绩，除了要不断学习与更新知识外，还应该积极从事体育学术研究，总结工作经验，探索体育教育改革创新的新方法。

(五) 参与学校管理

体育教师要参与学校体育管理，协助完成学校体育工作，包括参与学校体育总体规划和管理方案的制定，完善体育课程建设，参与教研室内部活动，安排体育课程，购置、维修和保管体育器材设备等工作。

(六) 协助社会工作

体育教师是社会中的体育活跃分子，是学校体育与社会体育联系的重要纽带。体育教师组织体育运动竞赛，为社会输送优秀体育人才。体育教师还要指导社会大众体育活动，履行社会体育指导员的职责与义务。[①]

第四节 体育教师的培养现状与策略

一、我国体育教师培养现状分析

作为体育教育发展的第一资源，体育教师在体育教育中发挥着举足轻重和不可替代的作用。体育师资队伍建设水平和质量对国家体育教育事业乃至国家体育事业的发展水平具有决定性影响。在新时代背景

---

① 郭贤成，曹保莉. 论现代体育教学中教师的职责与能力[J]. 晋中师范高等专科学校学报，2002（02）：125+129.

下，社会发展及体育教育的深入改革使得学生对优质体育教育资源的需求量不断增加，其中自然包括对优秀体育教师的大量需求。在全民健身和健康中国背景下，我国人民群众体质健康水平整体不乐观的现状使得体育教师肩上的担子更重了，体育教师背负的不仅仅是学校体育的责任，更是民族的责任，中华民族的伟大复兴及社会主义现代化建设对新时代体育教师的综合素养提出了更多、更高及更新的要求。高校是培养体育教师的重要基地，高校体育教育专业的课程质量及教学水平直接决定了体育师资的培养质量。我国体育教师的培养现状包括高校体育教育专业的人才培养现状以及体育教师的职业培训现状，下面对相关问题展开分析。

（一）培养目标不明晰

社会对体育教师职业的需求是随着时代的发展而不断变化的，体育教师的培养目标和模式应该随着社会不断变化的需求而有所调整，因为原有的培养目标和方式无法满足现实的需要。目前来看，我国开设体育教育专业的高等院校在体育教师培养方面存在培养目标模糊、培养方案落后的现状，人才培养的理论与实践体系之间缺乏密切的联系。高校缺乏根据时代需要和社会需求而完善体育教师人才培养方案的意识与行动，导致人才培养目标与现实需要不符，缺乏时代性。

（二）课程设置不合理

高校体育教育专业的课程设置及专业教学质量直接决定着对体育教师人才的培养质量。现阶段，部分高校的体育教育专业在课程设置上存在以下两个方面的问题。

第一，公共必修课程与专业课程的课时分配不够协调，各自所占的比例不合理。主要问题是公共课程的课时占了一定的比例，导致专业课程的课时不足，难以完成专业教学任务。一些学校为了完成预期的人才培养方案，对专业课程进行删减，从而对人才培养质量造成了影响，导致培养出来的体育教师缺乏良好的专业素养。

第二，高校体育教育专业的课程主要有学校体育学、体育课程与教学论、中小学体育与健康教学、体育教学技能实践等。课程看似丰富、全面，但细分发现这些课程中有些内容是重复的，这势必会影响人才培养的效率和最终的质量。

（三）培养模式及观念落后

当今社会需要的是个性化人才、全面型人才、多元化人才，这是高校在体育师资培养中制定培养方案以及不断完善培养方案的重要依据。这要求高校不断更新人才培养观念，根据现实需要而对培养方案进行调整，构建新的人才培养模式，从而培养出能够在中小学体育教学中真正发挥作用和做出成绩的优秀师资人才。

目前来看，一些高校在培养体育师资人才方面缺乏先进的理念，如在课程设置中以专业理论课程为主，忽视了岗位实践的重要性。此外，人才培养模式也较为落后，如培养方式单一，培养内容片面，忽视了对实践能力及创新能力的培养等。

（四）脱离社会发展需求

高校体育教育专业学生毕业后能否顺利就业，成功进入中小学成为合格的体育教师，关键要看其是否满足社会对体育教师这一岗位提出的专业要求，也就是这些毕业生的实际能力和现实需要之间的契合度是否足够高。满足社会岗位需求的毕业生容易在竞争激烈的就业市场中脱颖而出。所以说，高校要培养满足教师岗位专门需求且综合素质较高的体育人才，促进毕业生与工作岗位完美对接。

有关学者在调查中了解到，中小学体育教师在上岗前不了解或不太了解岗位需求的情况很常见，而且部分教师上岗前不了解中小学基础体育教育的改革情况。还有一部分中小学体育教师认为自己在高校学习的专业知识在教学实践中利用率不高，而因为在高校期间实习机会少，所以进入岗位后不能很快适应教学工作。由此可见，高校体育教育专业关于体育教师人才的培养与社会岗位缺乏有机融合，尚未充分了解新时代体育教师的岗位特征和发展趋势，导致体育教育专业的学生毕业后就业难以及入职后适应慢，难以快速胜任本职工作。

（五）职业培训不乐观

体育教师的职后培训与职前培养同样重要。很多中小学体育教师对专业培训的需求比较强烈，也有参加继续教育的意识和打算，并深刻认识到专业培训、继续教育对自身长远发展以及对中小学体育发展的重要性。但现实中他们的需求并未得到充分的满足，因为学校不重视在职教师的培训与继续教育，没有提供足够的机会，也没有从政策、资金等方面提供支持。社会上的培训机构资质良莠不齐，培训内容落后，培养方法单一，培训者专业素养差，培养质量得不到保证。此外，中小学体育教师往往要负责几个班级的体育课，而且还要完成运动训练、社会体育等相关工作，工作量大，任务繁重，余暇时间不多，所以没有足够的时间去充实与完善自我。

二、我国体育教师培养的策略

（一）明确培养目标

培养目标是高校培养人才的基石，对人才培养方向起到决定性影响。新时期学校教育对体育人才的需求随着社会进步和时代发展而发生了变化，这种变化主要表现为多层次需求、多规格需求、综合性需求以及创新性需求等，这就要求高校不断适应新时代对体育人才提出的新需求，从现实需求出发，结合高校办学条件而优化人才培养方案，明确人才培养目标，为人才培养工作的开展提供正确的方向与指引。

需要注意的是，不同高校因为办学历程、办学条件、办学环境、师资水平等各方面都存在不同程度的差异，所以培养体育人才的目标定位也有区别，体现了学校的办学特色和人才培养特色。培养优秀的体育师资人才是一个长远的过程，在不同的培养阶段应该提出不同的培养要求，细化各个阶段的培养目标，从而促进培养对象一步步成长为优秀的体育教师。虽然不同高校在体育教师人才培养方面各有特色，但总的来看，培养目标都应满足以下几项要求，或者说培养出来的人才应达到如下要求。

第一，全面贯彻党的方针，符合社会发展和体育事业发展的需求。

第二，具备积极从教的激情与职业情感，并把自身激情投入到教学工作中。

第三，精通体育专业基础学科知识，掌握各项专业技能和教学方法，能力多面，一专多能，且有深厚的学术水平。

第二章 体育教师概述及其培养现状

第四,教育理念先进并掌握熟练的教学技能,综合素质较高,符合基础教育要求。[①]

（二）设计科学培养方案

高校对体育教师人才进行培养,要先立足实际,结合社会需要和办学条件而设计与确定一个较为完备的科学培养方案,从而根据方案而有序开展培养工作,并在培养过程中根据现实需要而灵活调整方案,以不断完善方案,提高人才培养的效率及培养质量。培养体育教师是高等院校的主要职责,在培养过程中需要地方政府的支持,也需要高校与中学建立合作机制,为体育教育专业学生争取实习岗位和机会。基于此,可构建高校、政府及中学有机结合的"三位一体"体育教师培养方案,如图2-1所示。

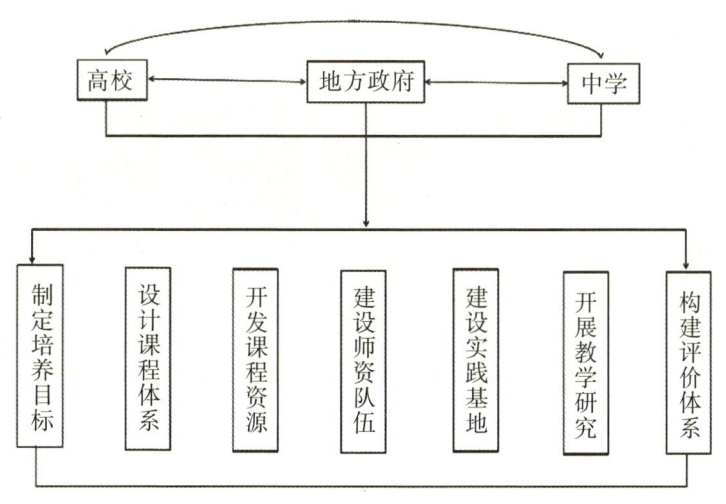

图 2-1 高校、政府及中学"三位一体"体育教师培养方案[②]

在上图所示的人才培养方案中,高校居于"主体"地位,其作为主体的主要职责是将三方联系起来,协调三方的利益关系,保障最终的培养质量。在人才培养的整个过程中,尤其是人才培养课程的整个实施过程中,高校都要落实到各个具体细节的工作。该方案中地方政府居于"主

---

① 马亚男.安徽省高校卓越体育教师培养现状与对策研究[D].淮北师范大学,2015:31.
② 崔文晶.卓越中学体育教师"三位一体"培养方案设计研究[D].山西师范大学,2016:9.

导"地位,主要职责是统筹整体规划,领导相关部门的工作,提供资金保障,优化资源配置。政府从宏观上对高校和中学的合作加以引导和调控,并制定相关政策来予以扶持,提供保障。中学是高校体育教育专业学生实习的重要基地,其主要职责是响应地方政府的政策,接受高校体育教育专业学生来校实习,积极配合政府与高校的工作,做好基础性实习实训的管理工作。

在上述"三位一体"的体育教师培养方案中,要特别重视对体育教育专业学生体育教育教学能力和体育教育实践能力的培养,并针对这些重点培养内容而构建专门的培养体系。例如,在体育教育教学能力培养体系中纳入体育教学能力、体育科研能力、学科特长能力及教育管理能力等相关内容(图2-2),以期提高体育教育专业学生的教育教学能力。而在体育教育实践能力的培养中,要充分发挥高校、政府及中学各自的职能,将各方面力量有机整合起来,循序渐进,逐步落实各项培养工作的开展。

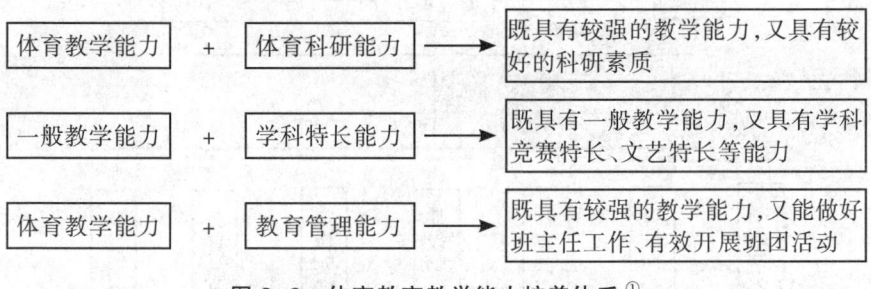

体育教学能力	+	体育科研能力	→	既具有较强的教学能力,又具有较好的科研素质
一般教学能力	+	学科特长能力	→	既具有一般教学能力,又具有学科竞赛特长、文艺特长等能力
体育教学能力	+	教育管理能力	→	既具有较强的教学能力,又能做好班主任工作、有效开展班团活动

图2-2 体育教育教学能力培养体系[①]

(三)完善课程设置

体育教育专业的课程设置是围绕体育教师专业人才培养目标与规格,从课程内容、内在联系、专业支撑作用、时间顺序等方面进行统整,科学分解专业思想、专业知识、专业技能、综合素质等方面的培养任务,将知识节点有机分拆渗入每门课程中。师范类高校在培养体育师资的过程中,不能片面追求复合型体育人才而忽视了师范性特色,而要在坚持人才培养的师范性的基础上兼顾人才培养的复合性,在课程设置中主

---

① 崔文晶.卓越中学体育教师"三位一体"培养方案设计研究[D].山西师范大学,2016:31.

要安排师范类课程,适当安排非师范类课程,以适应我国体育教育改革发展对体育教师人才的多方位需求。

(四)加强入职教育

被中小学招聘的教师也就是初任教师在进入中小学正式上岗前所接受的培训和教育就是所谓的入职教育。之所以要对初任教师进行入职教育,主要是为了提高初任教师的业务能力,使其尽快熟悉学校环境,适应岗位工作,在体育教学中发挥自己的专长,提高教学质量。此外,开展入职教育也是为了稳定体育教师队伍,避免教师因适应能力差而逃避岗位。

地方政府要高度重视教师的入职教育,从制度、政策等方面予以保障,肯定教师的社会地位,关注教师的职业成长和发展,将相关单位及社会组织在教师入职教育中应履行的义务及肩负的责任确定下来,完善各项规划与细节,提高教师入职教育的质量。为保证初任教师能顺利接受入职教育,用人单位要适当减少新入职教师的工作量,使其有时间参与培训。需要注意的是,面向广大初任教师开展入职教育,并不仅仅是为了解决入职教师的适应能力问题,解决"当务之急",还是为了促进教师的长远发展,对其职业素养、综合素质进行全方位培养,提高其教育教学能力,使其在体育教师工作岗位上保持持久的战斗力,发挥自己的价值。

(五)注重职后培训

为进一步提升体育教师的专业素质,培养师德高尚、业务精湛、结构合理的高素质专业化体育教师队伍,对在职教师进行专业培训很有必要。在职培训要做好以下工作。

第一,完善培训制度,将培训与教师职称、学历学位、课题研究挂钩,强调培训过程和结果考核,从而使体育老师积极争取培训机会并认真对待。

第二,以体育教师的需求为导向,明确合理的培训目标、培训内容与培训方式。在具体实施中要体现出区域差异,如面向中西部农村体育教师培训时,选择培训内容和培训方式尽量"非城市化",要"接地气",深入开发本土特色培训课程,提高培训的针对性和实效性。

第三章 全民健身与体育教师的关系解析

在全民健身的大背景下,社会的进步和时代的发展都给体育教师提出新的课题。体育教师不再仅仅是校园围墙内教授学生体育知识与运动技能的"教书匠",他们应该打开视野,在更宏大的背景下重新定位自己的角色和位置,更好地顺应时代的发展、尽快转换角色为国家和社会做出更多的贡献,肩负起更大的使命。本章将在全民健身的发展进程中,从对体育教师的道德素质要求、体育教师在全民健身活动中所处的地位及作用、其自身的角色定位及转换、体育教师参与全民健身的现状和遇到的问题、在未来的发展趋势与对策等方面展开详细解析。

第一节 全民健身对体育教师素质的要求

一、提升自身道德修养

(一)树立正确的价值观

孔子有言,"其身正,不令而行;其身不正,虽令不从;不能正其身,如正人何?"体育教师从事着传授知识和技能的职业,"为人师表"首先要求的是具有高尚的道德修养和文化水平,对于体育教师也不例外。以往,大众对体育教师存有一些偏见,认为体育老师文化底蕴不足。但是随着我国教育的发展和普及,国民素质普遍得到提高,体育教师也在不断的进步之中。但是,以发展的眼光看未来,就需要体育教师给自己提出更高的要求,在人格塑造上勇于履行"以身立教为人师表"的道德要求,把高尚的道德和完善的人格作为人生的最高追求,树立正确的价值观念、世界观和人生观。全民健身运动对体育教师的道德修养和价值观提出了新的要求。因为体育教师将面对的不仅仅是校园内的未成年或刚刚成年的青年学生,而是面向全社会大众、服务于全体国民,不仅要具备过硬的专业体育知识与技能,还要拥有高尚的道德情操、积极健康的价值观,真正做到以身立教,以德育人。

（二）爱岗敬业无私奉献

爱岗敬业要求体育老师首先要热爱自己的本职工作,由衷地敬畏"教师"这一职业,对自己所做的工作充满热情,面对任何挑战都有必胜的信念。捷克大教育家夸美纽斯曾经指出:"教师的职务就是以自己的榜样教育学生。"由此可见,教师首先要有崇高的人生追求,要以高于自身现实水平的要求来敦促自己不断进取。体育教师只有对自己的事业充满敬畏和激情,才会有源源不断的动力去投入和创新,才会心甘情愿地献身于体育教育事业,才能够正确认识自身工作的社会意义,才能够在工作中取得优异的成绩。体育教师要心怀崇高的理想,同时也有俯首甘为"人梯"的风度,要有为我国全民健身运动无私奉献的精神。

二、拓宽自身知识结构

（一）提高理论素养

体育教师要有与时俱进的学习意识,不断提升自己的理论水平、知识素养,以适应知识不断更新、教育迅猛发展的时代要求。体育运动涉及多学科的知识和理论,做一名合格的体育教师应该终身学习,紧跟社会发展的步伐,把握体育相关学科的最新进展,搜集和处理最新的教学技术手段,掌握学科最前沿的研究成果。不断深入学习相关学科的理论知识,包括体育运动学、体育生理学、体育心理学、体育教育学、人体科学等,还要紧跟时代发展的脚步,了解和学习计算机应用、多媒体软件、大数据等相关的理论知识和实践应用。体育教师若想在体育教学中取得突出的成就,在全民健身的时代背景下更多地参与社会建设,那么拓宽知识视野和加强理论学习是必须要做的准备。

（二）提高专业技能

1. 保持运动技术技能

对于自身的专业技术运动技能，体育教师应该有意识地保持甚至不断精进。由于体育运动的特殊性，随着年龄的增长人的身体机能会逐渐下降，很多运动技能很难做到始终能发挥出较高的水平。但是，作为体育教师应该尽自己的最大努力，将专业技能保持在一个相对稳定、相对较高的水平上。这一方面是为了维护自己的专业素质和基本功，另一方面，也是为了能更好地进行教学、对学生或学员起到积极的表率作用。只有"功夫不离手"，体育教师才能保有一定自信，才能保证在教学中可以流畅地示范动作技巧，给学生以准确的指导。专业技能是体育教师职业发展的根基，也是更好地服务于全民健身的资本。

2. 提高教学水平

体育教师的专业技能，不仅仅包括运动技能，还包括教学技巧。科学地确定教学目标，制定教学方案，根据实际需求，选择教学内容、教学方法和组织教学，也是一名体育教师要具备和掌握的能力。能够激发学员的学习动机，保护学员的学习兴趣，能够做到因材施教，让具有不同运动能力的学员都有所进步，并获得一定的成就感，以上这些是考验一位体育教师的经验和水平的关键。体育教师应该在工作中不断积累经验，并且积极与教育界同行学习切磋，共同进步，提高教学水平，适应国家在发展全民健身项目中对体育教师的需求。

3. 敢于创新不断进取

时代在进步，体育教学也应该符合时代特征，体育教师应该具备一定的创新能力，把握时代特色创编新型教学内容，紧扣当下文化运动风潮的发展脉搏，不断尝试符合当下流行趋势的教学模式和内容。优秀的体育教师，不应该局限于模仿和重复，而是随着自己的教学经验越来越丰富，敢于超越和创新，摸索出有自己风格的教学之路。体育教师还应该具有发展的眼光，以主人翁的姿态参与到全民健身运动中去，积极尝试，勇于突破自我，发挥自身的专业优势，并能够根据实际需要调整教学内容、方法和组织形式。

第三章　全民健身与体育教师的关系解析

（三）提高科研能力

教学与科研相辅相成，是体育教师应该具备的重要素质和能力。扎实的教学为科研奠定了基础，科研成果会不断地带动教学，二者相得益彰。通过科研，体育教师将最新的学科信息充实进教学之中，使体育教学不断地更新迭代、富有时代气息。科研也是促进教学改革向纵深发展的主要途径，它对我国的体育教学、全民健身活动均起到积极的促进作用。

科研工作是体育教学中的重要组成，科研能力是体育教师保持进步的有力手段，提高科研能力可以从以下几个方面入手。

（1）科研意识。通过转变思想观念提高体育教师对科研的理解和认识。

（2）科研能力。通过多种形式的科研培训与学术研讨活动，提高教师的科研能力。

（3）科研态度。把科研成果纳入到教师工作评价考核与职称评定之中，为教师科研工作的开展提供动力保障。

（4）科研精神。要积极鼓励体育教师承担科研课题，拓宽体育教师参与科研的途径。

第二节　体育教师在全民健身中的地位与作用

一、体育教师在全民健身中的地位

（一）体育教师决定了国民身体素质的起点

1. 少年强则国强

青少年的体质水平是一个国家国民身体素质的缩影，也代表着未来国民的健康水平。而体育老师在其中的地位非常关键，如果说教师是灵魂的工程师，那么体育教师就是全体国民健康的监护人。青少年学生正处于身体发育的关键时期，体育锻炼为他们的生长发育提供重要而积极的影响。因此，体育教师要引导学生积极参与体育锻炼，培养对体育运动的兴趣,养成良好的运动习惯,发展运动特长,为他们终身进行体育运动打下坚实的基础。增强青少年的体质,也就等于从根本上改善和提高我国国民的身体素质和健康水平,在某种程度上,可以说体育教师对我国国民的健康水平起到了重要的影响作用。

2. 人生早期的健康指导

一个人的身体状况在一生中是处于动态的变化之中的。一个人的体质与遗传、环境、营养、体育锻炼等多方面的因素有关。其中影响体质水平最为重要的三个因素是遗传、营养和体育运动。一个人如果能在早期就拥有健康的身体素质,将是一生最大的财富。除了遗传因素现在还基本上不可控之外,以我国的整体国民生活水平来看,国民基本上都能获得足够的生活保障。唯有体育运动,是拉开青少年身体素质水平差距的关键因素。由此可见,体育教师在增强我国青少年人群身体素质方面具有不可替代的地位。在体育教师的带领下,通过有计划、有目的、有方法地进行体育锻炼,我们的青少年无论在增强体质方面,还是意志水平的锻炼方面,都将得到大幅度的提高。

(二)体育教师是全民健身事业的支点

1. 体育教师是社会体育活动中的技术指导员

在推动全民健身活动的过程中,体育教师是不可或缺的中坚力量。他们是全民健身事业中散落在全国各个社区体育活动、社会体育活动中的活跃分子,是全民健身事业的积极拥护者,也是全民健身活动的积极实践者。作为体育教师,他们具备过硬的体育专业知识和运动技能,同时他们自身又是坚持运动、热爱体育的从业者;作为教师,他们拥有多年的教学经验和科学的教学方法,这些都令体育教师在广大的人群中自带光环,具有相当的影响力。他们身材健硕、英气十足,是很多人羡慕和效仿的对象。他们不仅在校园中授业解惑,为国家和社会培养出一批批的优秀体育人才。同时,在社会中,他们也愿意发挥专业所长,积极参到社会体育活动中,无私地分享自己的运动经验和技巧,为他人答疑解惑,影响和指导了大量的体育爱好者,并得到人们的尊重和追随。在社区中,或是在社交媒体上,他们身体力行,传达着拼搏进取的体育精神、团结友谊的体育文化,是我国全民健身事业发展过程中的中坚力量。

2. 体育教师是家庭体育活动中的核心力量

以家庭为单位的群众体育活动是大众运动中最常见的一种形式。家庭活动以三五个人为一组,一般是融合了休闲、娱乐和健身为一体的运动形式,比如打羽毛球、游泳、爬山等。因为家庭人员少且凝聚性强,而且比较灵活,机动性也强,所以家庭选择的运动形式更为多样化,参与的积极性也更高。体育教师作为体育从业人员,在组织家庭体育活动时会更具专业上的优势,也因此会常常带动其他家庭共同参与,比如组织家庭与家庭之间的联动,搞一场男女混双的羽毛球赛,或者组织一次周末的远郊徒步等。这在某种程度上激活了家庭运动项目,激发了人们对体育运动的兴趣。这些都是体育教师对全民健身活动的无形贡献。

(三)体育教师是衔接体育人才的节点

《全民健身计划》要求"创新全民健身人才培养模式、将全民健身人才培养与综治、教育等部门和单位的人才队伍互联互通。形成全民健身与学校体育教育、竞技体育后备人才培养工作的良性互动局面,为各类体育人才培养和发挥作用创造条件"。这也就意味着,体育教师不仅是学校内的体育教育工作者,是全民健身事业的中坚力量,还要肩负起我国各类体育人才培养互联互通模式的重要纽带,在学校、社会以及竞技体育后备人才的培养中承担起更多的责任,发挥更大的作用。这是因为,一方面体育教师是学校体育教育的中流砥柱,直接影响着我国青少年的身体健康成长情况,以及培养他们的体育运动兴趣和习惯、传播体育精神文化等;同时,体育教师还会服务于社会体育活动,比如作为社区的体育顾问,或者社会体育赛事的组织和裁判等;另外,体育教师还肩负着为国家发现和选拔竞技体育后备人才的重任。可以说,体育教师串联了我国体育人才的网络,是衔接我国体育人才的重要节点。

二、体育教师在全民健身中的作用

(一)体育教师是全民健身中的启蒙者

1. 重点关注青少年

全民健身活动的实施对象是全体国民,青少年和儿童是我国人口的重要组成部分,是祖国的希望。因此,加强学校体育教育、提高青少年的体育素养和养成健康行为方式是学校教育的重要内容,也是体育教师的主要工作。体育教师是青少年接触到的最主要、最直接的体育专业人员,是青少年步入社会之前体育生活的引路人。从这个角度看,体育教师作为具体落实提高青少年身体素质的重要角色,可能是青少年从体育启蒙到成熟自主的主要见证者,会成为深深影响青少年体育意识、运动技能、形成体育习惯的不二人选。体育教师的工作,正是为社会培养出具备丰富的运动知识和技能的青少年,并帮助他们养成体育运动习惯,为日后在工作和生活中进行科学锻炼打下坚实的基础。青少年是国家的未来,少年强则国强,青少年是开展全民健身活动的重要切入点,作为体育教师肩负着重大责任。

2. 发现和输送体育人才

体育教师作为体育教育前线的第一人,他们是最早能接触到有资质、有天赋的体育人才的人。在教学工作中,体育教师的一个非常重要的使命是为国家及时发现和输送竞技体育人才。体育人才的早期发现非常重要,因为运动员的运动生命短暂,而培养和训练的黄金期更加宝贵,一旦错过也许就会造成人才的浪费。尤其在我们的教育体制长期处于"重文化轻体育"的观念下,青少年的运动天赋很容易被埋没或者被忽略,这需要体育教师慧眼识英雄,具有伯乐一般的眼光,能够及时地发现并输送体育人才。

(二)体育教师是全民健身中的监护人

1. 弘扬体育精神文化

《全民健身计划》提出了弘扬体育文化的主要任务,即"普及健身知识,宣传健身效果,弘扬健康新理念,把身心健康作为个人全面发展和适应社会的重要能力"。

体育教师应该积极参与其中,除了在校园内能够出色地胜任体育教师这一角色之外,还要拓宽思路,打开局面,勇于树立体育健身新榜样,营造良好的舆论氛围,引导大众对体育健身形成健康文明的观念。体育教师掌握着丰富的体育知识和各种运动技能,同时又具备专业的体育教学经验和能力。因此,在全民健身运动中应该敢于发挥自身独特的价值,积极传播和弘扬体育文化,并且把它当作自己责无旁贷的义务和职责。

2. 从健身角度提高国民素质

健身活动是国家素质教育的重要组成部分,健康的体魄也是素质教育的本质和目的之一。我国实施素质教育,即把德育、智育、体育、美育等有机地统一在教育活动的各个环节中。各个方面的教育相互渗透、协调发展,最终目的是提高我国国民的综合素质水平。而体育教育是其中非常重要的一个环节,也是全民共同追求的目标。体育教师在其中可以有效地起到监护人的作用,利用其专业优势,可以为人们在体育运动中遇到的问题和困惑进行咨询和指导,为提高整体国民的身体素质做出切实的贡献。

第三节 全民健身背景下体育教师的角色定位与转换

一、全民健身背景下体育教师的角色定位

(一)体育教师是校园体育工作的实施者

1. 体育教师是学生积极效仿的榜样

哲学家车尔泥雪夫斯基认为:"教师想把学生培养成为什么人,首先自己就应该成为这种人。"体育教师应该以此鞭策和激励自己,以更高的标准要求自己,如此才能将学生培养成具备良好体育知识和运动习惯的人。体育教师自身应该始终热爱体育运动,坚持健身。拥有强健的体魄、积极的生活态度、自律的生活习惯等,这些都会对学生产生直接的影响力。身教胜于言教,体育教师如果能做到以身作则,把体育运动作为一项终身的生活习惯,并且不断地精进技巧,研习各种体育技能并且能享受其中,这些都是极具感染力的行为,会让学生向往和敬佩,会不自觉地积极效仿。

2. 体育教师是体育思想的宣传者

青少年在校学习期间,正是其逐渐形成人生观、价值观,以及逐渐养

成各种宝贵习惯的关键阶段。在体育运动方面,体育教师的任务重点就是教授学生体育知识、培养体育兴趣、锻炼体育技能并帮助学生逐渐养成良好的运动习惯,具备终身参与的技能,并且懂得如何避免运动损伤、如何恢复和养护等运动相关知识。可以说,体育教师的课堂虽然时间有限,但是对学生的影响是无限的。体育课不仅仅是青少年学生为完成学业所必修的一门学科,也不仅仅为了在校期间能够拥有健康的身体可以更好地学习文化知识,它还能教授青少年学生在人生早年期间学会基本的体育知识,养成终身锻炼的技能和良好习惯。因此,体育教师应该明确自身职责,不局限于课程的完成和考试的通过,而是把更多的时间和注意力放在培养学生运动兴趣、弘扬体育精神等方面,并且身体力行,成为体育思想的终身宣传者。

(二)体育教师是社会体育活动的参与者

顾渊彦教授曾经强调:"社区体育的发展需要有体育教师的参与。"这句话充分表达了社会、特别是社区运动对体育教师的强烈需求。在全民健身的潮流之下,大量的非体育专业普通群众对体育运动逐渐产生兴趣,并渴望能够得到专业的体育从业人员的指导和带动。在这样的背景下,体育教师的社会需求和社会价值尤其被凸显。作为体育教师应该积极参加社会、社区的各种形式的体育运动,发挥专业能力,促进全民健身事业的健康发展。

1. 社区体育活动的指导员

随着我国社会高速发展,近年的 GDP 屡创新高,我国国民的生活水平得到显著提高。人们对生活质量的追求越来越高,每个人都追求过上有品质的生活、希望掌握一项高水平的运动、渴望拥有健美的身材等。然而,这一切都需要有体育专业人才的参与才能得以实现。在全民健身的热潮之下,社会体育资源被重新整合,学校的体育资源向社区开放,这再次将体育教师推到台前,也极大地鼓舞了体育教师的积极性和决心,让体育教师参与社区的文体活动成为水到渠成。以就近原则,体育教师应该充分发挥自身的专业优势,参与到自家所在的社区体育共建中来,从教师身份转换为社区体育指导员。体育教师应该抱着积极奉献的精神,带着专业知识和技能融入社区之中。积极参与社区体育活动的组织、管理和指导工作。

第三章　全民健身与体育教师的关系解析

2. 甘做全民健身事业的"志愿者"

在我国全民健身事业的发展过程中,体育教师发挥着主要的推动作用。一方面,体育教师在学校的体育教学中传道授业,通过专业手段传授体育知识和运动技能,并弘扬拼搏进取的体育精神。在校园之外,体育教师自身也是全民健身的积极参与者和实践者。并且还承担起社区、社会等体育活动的排头兵和志愿者的角色,充分发挥作为体育专业人士的影响力,感召身边的人共同参与到全民健身的行列中来。我国幅员辽阔、人口众多,对各种人才的需求量都非常大,当前社会上体育热情十分高涨,然而体育指导员的水平参差不齐,特别是社会体育机构的行业发展较不规范,很多体育教练员可能来自非体育相关的行业,并非出自体育专业。而体育教师是经过专业培训的从业人员,无论是体育运动的知识,还是教学教课的经验,都更有资格、有能力在全民健身事业中担任指导训练的工作。体育教师也表现出了相当的热情和意愿,希望充当宣传体育精神和技能的"志愿者",把体育运动作为自己的终身事业。

二、全民健身背景下体育教师的角色转换

(一) 从教育工作者向体育知识普及者的转变

体育教师作为全民健身运动中重要的参与者和实践者,在推动全民健身运动的过程中,他们承担着重要的角色。首先,作为体育教师他们肩负着为国家和社会培育体育人才的重任。在课堂上他们面对的是青少年学生,是正处于身体发育高峰阶段的年轻人,他们正在经历价值观和人生观初步形成的关键时期。这时候体育教师是一名教育工作者,他们的主要职责就是"教书育人",根据严谨的教学大纲,进行教案的编写,根据教育部门规定的教学指标,教导青少年学生学习体育文化知识和运动技能,养成良好的运动习惯,具备科学的体育锻炼的常识。然而,当体育教师走出校门、走进社区,成为社区体育运动的指导员,为大众进行体育锻炼的培训、辅导和咨询的时候,他逐渐从一个教育工作者转变为体育知识和技能的普及者,两者的主要区别如下。

1. 面对不同的人群

教育工作者面对的是青少年学生,他们无论从年龄、身体状况还是对

体育知识的诉求等方面都高度相似。体育教师在工作中有章可循,教学目标明确,标准清晰。而作为社区的体育知识普及者,面对的人群相对较为复杂,诉求也呈现出多样化的特点。有老年人,也有青年人,一些人的诉求是希望提高某种单项技能水平;另一些人是想学习多种锻炼方法、丰富锻炼体验;还有人是针对自身的健康情况做运动康复,或者是增强身体某方面的运动机能。因此,体育教师此时的角色和工作内容都产生很大的转变。由于人们的诉求多样,人群属性随机性也很强,这就要求体育教师需要具有更强的灵活应变能力,以及丰富全面的体育知识储备。

2. 不同的反馈机制

体育教师有严格的评分考核制度,对工作进展和成果有明确的要求和反馈机制。而作为社区运动的指导员,由于工作内容随机性较强,难以量化和评判,也难以执行类似于学校那样的考核机制,这时候对体育指导员的工作成果考核就相对复杂,需要综合考虑多方面的因素,比如是否能满足各种人群对体育知识的学习诉求,是否实实在在地解决了社区大众原来关于运动锻炼的问题。还可以通过群众反响和民间反馈等比较朴素的方式进行反馈。总之,参与社区服务的体育教师需要付出更多的努力,而且需要经过一段相当长的时间才能见到自己的工作成效。这就需要体育教师具有更大的热情和耐心,才能做好社区的体育服务工作,真正成为全民健身活动中的体育知识的普及者。

(二)从主导者向服务者的转变

体育教师参与全民健身活动中的另一重要转变是关系的转变。在学校里,体育教师与学生的关系基本上体现为主导与依从的关系。体育教师负责主导学习方向和学习内容,学生们跟随体育教师的引导,循序渐进、由浅及深、系统地学习体育知识和技能。而进入社区或者社会服务系统,体育教师的角色迅速转变为服务者,这时候参加社区运动或者社会体育活动的大众是相关运动的主导者,他们提出诉求,而体育教师仅承担辅导和服务的工作。

走出校园之后,在参与社区活动或者社会运动的服务中,体育教师无论是作为活动的组织者,还是重要的参与者,比如比赛的裁判员、教练等,他们的工作都是以提供具体的服务为主。与在学校里不同,体育教师需要承担更多的责任,比如要对学生的体育成绩负责,还需要留心关注学生是否具有某方面的运动天赋,关注他们的运动偏好和习惯养成等。而在参与全民健身的社会服务中,体育教师的角色职责就是提供相关的专业服务,无需干涉大众的运动偏好或者最终的运动水平和成就,他们的关系相对平等、松散和自由。

(三)从主体自身向适应主体的转变

中国自古有尊师重教的传统,因此,无论在校园内还是校园外,体育教师都是相对受人尊敬的职业。在校园内,体育教师往往受到学生们的簇拥,具有一定的威严,特别是体育成绩不佳的学生对体育教师有一种既怕又爱的复杂情感,因为体育教师掌握着他们的"生杀大权",体育成绩不及格将会影响到学生的升学就业等一系列的问题。另外,体育教师一般都具有挺拔高大的身材,身怀一项或者多项过人的体育技能,这些都是青少年学生十分向往的,可以说体育教师是很多学生效仿的对象。

但是当体育教师参与社区体育服务时,他们的角色将从校园内的"主体"转变为适应主体。参与社会运动的大众尽管需要体育教师的专业知识的帮助,但是他们之间的关系更像是销售与客户的关系。体育教师向大众"销售"自己的专业技能,提供专业的技术指导服务,这时候就需要适应大众这一主体的需求,按照大众的目的、时间、兴趣点,以及能接受的方式方法、运动强度和运动频率来制定相应的运动计划和方案,提供相应的技术支持和服务,也就是说,一切以服务大众这个主体为中心,体育教师应该快速转变角色,放低自身姿态,用心帮助大众解决相应的问题及诉求。

第四节 体育教师参与全民健身指导的现状与策略

一、体育教师参与全民健身指导的现状

(一)体育教师参与全民健身的具体表现

1. 参与态度积极

体育教师在参与全民健身指导的过程中,表现出积极热情的态度。

他们乐于发挥自身的专业优势，服务于更多的组织和个人，包括那些对体育有兴趣、有追求的体育爱好者。他们无私地分享体育健康知识，普及健身技能，在全民健身活动中发挥出重要的作用。在社会体育活动和赛事中，起到重要的技术支持作用，以他们丰富的专业知识和从业经验，给我国大众体育的发展输入了规范性和纪律性的因素。

2. 参与频次较低

尽管体育教师有强烈的意愿加入社会服务，并且对此也有较为深刻的认识，但是有调查数据显示，体育教师真正参与社会服务的频次较低。特别是在社区体育活动中，基本上还处于比较自发的状态，以个人行为为主，很难形成有力的态势。大多数的体育教师并没有充分地发挥其优势，对于社区居民普及健身知识和指导咨询的强烈需求仍然没有得到满足。在社区体育运动中，一方面表现出大众对健身知识的需求只增不减，另一方面是大量的体育教师的人力资源处于闲置状态，未能得到有效发挥。

3. 参与形式较单一

就目前的情况可知，体育教师参与竞赛裁判、赛事组织和运动队教练等是参与社会服务的主要形式，而像健身辅导、体育培训等涉及全民健身的辅导的形式却普遍较少。群众体育运动得不到专业人士的指导，体育水平始终发展较缓慢，而体育教师又有心无力，很难靠个人的努力改变局面。

（二）体育教师参与全民健身的现实困境

在全民健身中，大众需要科学的运动知识，需要资深的专业人士指导；体育教师具有积极的参与意愿，然而实际情况却是大众需求未被充分满足，体育教师参与全民健身服务从形式到内容都不及预期，其主要原因如下。

1. 凭借个人热情难以形成影响力

这和目前的机制不完善有相当的关系，体育教师尽管有足够的意愿服务社会，但是缺少相关的制度和政策支持。同时，体育教师受到教学任务和考核压力的影响，大部分精力和时间仍然以投入到校内的教学工作为主，校外的社会服务自发性较大，只能靠个人兴趣和热情支撑，存在很大的不确定性。一边是有强大的制度约束、管理严格、考核目标明确的教学任务,一边是随意松散、具有很多未知和不确定性的社区体育服务工作。显而易见,在这样的现实情况下,很难仅靠体育教师的个人热情持续地投入到社会体育服务中去,独木不成林,缺乏行之有效的机制保障,凭借个人努力很难形成一定的影响力。

2. 缺乏有效的社会组织

单凭体育教师个人意愿难以支撑起广泛的、持续的态势,尽管体育教师愿意参加到全民健身的服务中去,但却苦于无从做起,只能凭借自身有限的关系和机会进行参与,以参加全民健身赛事活动的组织、裁判和辅导等工作为主。缺少专门的组织机构搭建一个有力的平台,让体育教师与大众之间的需求进行对接,因此,体育教师在服务全民健身活动时,因缺乏有效的途径和组织,导致很多的体育教师不能充分发挥出自身的优势和价值。

3. 缺少合理的奖励机制

在缺少相应的组织机构的同时,也缺少机制管理。体育教师参与全民健身非一朝一夕的个人活动,因此需要完善的制度给予支持。除了平台提供资源对接以外,还应该有合理、规范的激励方式和手段。目前,体育教师参与社会服务多数是以裁判、教练、辅导员的形式体现,并且可以获得一定的经济报酬。而对于更深层次的社会服务活动,比如社区体育的长期建设与维护、养成社区体育运动特色等,需要合理的组织和奖励机制共同支持,才能让社区体育运动长久地、健康地发展下去。

4. 体育教师自身的制约

有不少体育教师由于常年习惯于学校的教学模式,专业结构较为传统,业务能力也较为固化,自身知识结构和专项技能都略显单一,在参与社会实践时会遇到无所适从的情况。比如,与快速且多样化发展的全民健身活动相比,体育教师有时候会感到无从着手或者力不从心,这就需要体育教师快速转变意识,提高自身职业素养,不断地更新知识能力储备,顺应社会发展的趋势,以符合全民健身蓬勃发展的态势下对体育教师的要求。

二、体育教师参与全民健身指导的策略

（一）高校积极搭建平台完善制度

1. 高校转变观念搭建平台

体育教师参与全民健身的指导工作，也需要高校的大力支持。比如，高校在响应国家全民健身、健康中国的背景下，为地方政府和社区提供有力的支持，在不影响教学的前提下，向社会大众"错时"开放学校的体育场馆资源，建立高校与社区体育资源共享的平台和通道，实现高校体育和社会体育的联动，为社区群众提供体育健身的人力资源、设施资源、组织与引导资源等，为体育教师服务社会大众提供了平台和渠道的支持。

2. 完善相关的制度保障

作为体育教师的坚强后盾，高校还有责任和义务建立支持和鼓励体育教师参与社会服务工作的激励机制，调动和爱护体育教师服务于社会的积极性，除了一定的服务报酬之外，还需要建立机制，把体育教师进行社会服务工作与年终考核、职称评聘相结合，对在社区服务过程中表现出色，并取得一定成效的体育教师给予政策上的关心和帮助，以此来提升体育教师的社会服务质量。

（二）体育教师努力提升个人能力

1. 转变意识适应社会需求

绝大多数人都会受限于自身的工作内容和环境，体育教师也不例外，客观上体育教师局限在一个相对独立的工作空间，其知识与能力的更新不足以应对新的挑战，特别像全民健身这样的项目多样化、人员复杂化的社会运动，它是一项全新的社会尝试，其挑战超出体育教师自身知识能力的范畴。但是，面对国家大力开展全民健身的现实需要，体育教师必须自觉自发地积极学习和适应，掌握前沿的运动方法和健身知识，了解社会发展的新鲜事物，以求能够更好地服务于全民健身事业。

2. 终身学习持之以恒

对一个教育工作者而言,终身学习尤为重要,无论古今中外,教学相长的道理亘古不变。一位体育教师的成长是一个终身学习的过程,只有不断地拓宽自己的知识眼界,不断地完善自己的教学经验,不断地更新自己的专业知识,并且善于从其他学科、其他领域吸取精华与经验,不断地精进自己的专业和技能,持之以恒、夙夜不怠,才能跟上时代的步伐,才能输出符合时代需求的、有现实价值的教学内容。体育教师应该有清晰的认识,给自己正确的定位。首先要求自己做一名虔诚的终身学习者,然后才能真正做服务于社会大众的体育指导员和志愿者,才能适应体育教育事业和全民健身事业的发展需要。

第五节 全民健身背景下体育教师的发展趋势与对策

一、全民健身背景下体育教师的发展趋势

(一)体育环境的发展状况

1. 全民健身热烈进行

近些年,全民健身早已经成为我国市民生活的组成部分,成为一种生活方式。人们崇尚健身与锻炼,鼓励健康饮食和低碳生活,争相拥有刚健挺拔、线条优美的身材,各个年龄段都有越来越多的体育爱好者加入到全民健身的行列中来。全民健身活动既有形成制度的大型群体竞赛,也有社区、家庭等的小型的、经常性的群体活动,形式十分丰富,内容也不拘一格,群众的参与广泛。据了解,不少地区还将体育健身与生产、生活结合起来,既有效地激发了广大群众参与体育活动的兴趣和积极性,又有利于占领文化体育阵地,促进了精神文明和物质文明建设。改革开放以来,随着经济和社会不断发展,人民生活得到改善,教育逐步普及,学校体育日益加强,使中华民族的身体素质上升到一个新的水平。

2. 学校体育地位提升

学校体育的地位也明显得到了重视,建立了普及与提高相结合的教育制度,一方面能够满足普通学生的体育锻炼、学习运动技能的需要,另一方面对那些具有运动天赋的体育特长生加强重视,送入专项的体校进一步地培训,以培养竞技体育后备人才。在这样的要求下,体育教师也不得不加速成长,顺应发展趋势,摒弃老套守旧的教学方式,不断尝试创新课程内容。

(二)体育教师的发展趋势

1. 顺应发展拥抱变革

体育教师应该意识到加强体育运动对国家发展的重要性,也应该认识到自身在全民健身运动中所处的重要位置,积极顺应发展趋势,提高个人意识和觉悟,提高专业素养,首先立足本职岗位,力争做出优异的成绩。兴趣是最好的老师,是人们孜孜不倦地进行探索的动力源泉。因此,体育教师首先可以从提高学生的学习兴趣入手。比如,学校体育课的内容设置是否是学生感兴趣的?自己的教学方式和手段是否能调动起学生的积极性?是否还可以做得更好?在形式上是否新颖独特?体育教师应该努力让体育课的教与学都充满乐趣和挑战,而不是仅仅为了获得最后的考试成绩,不顾课程设置的枯燥乏味。如果学生对课堂内容没有兴趣甚至感到厌烦,何谈培养自觉发展体育运动的积极性呢?而导致体育课枯燥乏味的原因之一是重复学习同一内容,或者学习内容与生活脱节、与时代的发展脱节,太无趣或者太难,不符合学生身心的需要。因此,体育教师要改变思路,先培养学生的学习兴趣和热情,让自己的课程充满趣味性和艺术性,而不是照本宣科、敷衍了事。

2. 科学设置课程内容

体育课是以身体素质的锻炼和体育知识、技能、方法的学习为主要内容,以增进学生的身心健康为主要目的、培养学生具有拼搏进取的体育精神和养成科学良好的运动习惯为主要任务的课程。因此,体育教师在设置课程内容时,应该考虑到以上几方面的要求,在编写教案时,同时照顾到学生的学习兴趣、学习任务和学习效果的达成。既要讲究体育运动的科学性,它包括理论知识和运动技能、运动负荷与强度、运动营养与恢复等,又要以合适的角度切入,最大程度地调动起学生的学习兴趣和热情,有机地结合当下青少年感兴趣的运动项目和内容,这些都对体育教师提出了较高的要求,也是今后体育教师的发展趋势。

二、全民健身背景下体育教师的发展对策

(一)从高校抓起重构对体育教师的培养

若要提高我国体育教师的整体水平,需要从高校的体育教育专业开始着手。我国体育高校是培养体育师资的重要阵地,根据以往的数据和调研情况看,我们在培养未来的体育教师时,常常存在专业狭窄,知识面单一,在教育教学的创新能力和实践能力的培养上存在很大的不足。体育教育专业的课程设置更多地注重专业课程,忽视了基础文化课程。而专业课程中又重视运动技术和技能,忽视理论和方法的学习。另外,在教学实习、组织管理能力和科研能力等方面都没有足够的重视,这势必会影响未来体育教育的进展和体育教师的工作实践效果。针对目前体育教育专业存在的问题,可以从以下两个方面进行改善。

1. 体育专业人才的全面教育

除了技术类、技能类的学习之外,体育、教育的相关理论学习更为重要。并且要做到理论联系实际,在实践中深化学习。提高体育教育人才的综合素养,未来的体育教师的工作重点是培养人才和指导大众树立科学健康的体育运动观念和习惯,并非单纯的技术训练和技能掌握,还包括传达体育精神文化,树立积极乐观的价值观等,这才是未来体育教育的发展趋势。

2. 加强体育科研能力的培养

所谓授人以鱼不如授人以渔,时代飞速发展,学习将成为每个人的终身行为,作为教书育人的体育教师而言,他们自身需要具备较强的自我更新能力、科研能力,才是长久进步和发展的根本,因此,在高校的体育教育专业中,要加强对科研能力和学习能力的培养和训练。

（二）体育教师积极响应制度关照并快速转型

1. 重视继续教育

继续教育是提高教师素质的最重要的途径。《关于深化教育改革全面推进素质教育的决定》指出："开展以培训全体教师为目标、骨干教师为重点的继续教育，使中小学教师的整体素质明显提高。"近年来，青年骨干体育教师的培训得到格外的重视，多次举办各级、各类学校体育骨干教师的培训班，还颁布了体育教师继续教育的有关制度和规定，推行继续教育证书制度。这些举措都是教育行政部门从制度上为提高体育教师素质水平，促进体育教师跟上社会的发展进程，以便能够更好地服务于社会而做出的努力。

2. 加强科研力度

加强科研是提高教学质量、提升体育教师各方面素质的重要手段。一大批中青年骨干教师、优秀教师就是在参与科研课题的过程中成长起来的。虽然与其他学科的教育科研相比，体育科研略显薄弱和能力不足，这和起步较晚、经费较少、科研意识较差等有直接的关系，但是过往的都将成为经验或者教训，重要的是未来如何抓住机遇快速发展。因此，今后要结合各种类型的教师培训，大力提高科研能力和水平。各级领导需要充分重视和支持学校体育教育的科研工作，在制定教育教学计划时，要对体育学科的科研机遇给予一定的重视，在选题、经费、人员的配置上给予体育教师实实在在的支持和帮助。

3. 发扬创新精神

在全民健身背景下，体育教师必须积极发扬创新精神，发扬勇于探索的精神，发扬不断进取的精神，不断总结经验和不足，在教学和社会实践中，能够敏锐地发现问题和机会，大胆地尝试调整与创新，才能符合时代的要求，取得相应的成效。体育教师的发扬创新精神主要体现在不拘泥于一成不变的教学内容和方法，充分利用最新的技术手段，比如互联网、短视频等新兴的科技手段辅助教学；勇于探索精神主要体现在拓展眼光，不局限于体育领域，勇于探索各行业各领域的最新发展和进步情况，并将最新的成果有机地运用到自己的教学实践中；发扬不断进取的精神，是指体育教师要有为国家培育最优秀的人才的担当，不循规蹈矩，而是鞭策自己不断地进步、不断地提高专业水平和教学能力，才能满足校园教学和社会指导的多重要求。

（三）体育教师勇于承担起时代赋予的新角色

1. 挑战新的角色

随着近些年经济、科技和文化的不断发展，社会各行业各领域的人才也在快速迭代之中。随着新兴行业的诞生，也出现了很多新兴人才。体育教师也应该不断地更新自己的观念和意识，以适应社会的发展。全民健身事业的发展已经取得显著的效果，甚至已经有了较为成熟的模式，这时候体育教师作为全民健身中最初的参与者、实践者，最了解发展现状和趋势。应该大胆地给自己提出更高的要求，比如向着培养专门人才的方向努力，比如为了更好的组织、管理、研究、健康指导、志愿服务、宣传推广全民健身事业，体育教师作为专门的体育教育工作者，应该有胆识、有决心承担更大的社会责任，在学校教学、社会体育、全民健身开展过程中，不断深化学习各种专业知识和技能，成为新型的健身人才，更好地服务于未来的全民健身事业的发展。

2. 抓住时代的机遇

随着校园内体育课的地位逐步得到重视和提升、改进，社会上全民健身的热情持续高涨不减。体育运动不仅在学校里得到重视，在社会上更是全民动员，体育运动得到前所未有的发展和重视。体育教师感到了发展的紧迫性，开始不断尝试突破和挑战自我，加快成长速度，寻找新的发展路径，抓住时代的发展机遇，在全民健身的背景下争取为社会做出更大的贡献，实现个人价值最大化。

第四章　全民健身背景下体育教师思想道德素质的培养与提升

全民健身的开展离不开体育教师的参与,体育教师应积极传播体育文化,鼓励青少年参与到全民健身之中。百年大计,教育为本;教育大计,教师为本;教师教育,师德为先。教师的综合素质影响着我国人才培养的质量和体育事业的发展。体育教师的思想道德水平与学生的健康成长息息相关,其包含在自身的综合素质中,处于非常重要的地位。然而,目前许多体育教师的思想道德素质水平不高,影响了体育教师的形象,受到了社会各界的广泛关注。本章将从师德的含义出发,阐述师德的具体内涵,探讨体育教师必备的职业道德、师德规范建设等相关问题,并提出切实可行的培养师德素质的方法,力争提升体育教师的思想道德素质,推进我国全民健身事业的健康发展。

第一节　师德的含义

一、师德的概念

师德指教师的职业道德或教师的个人修养,是教师在长期的教育实践过程中形成的相对稳定的道德观念、道德意识和行为规范。师德集中体现了教师的思想觉悟、道德品质、精神面貌,是一切教育工作者必须遵守的准则。师德主要包括四方面的内容,即教师职业理想、教师职业伦理、教师职业技能和教师职业人格。

二、师德在新时代下的新内涵

从古至今,教师在育人方面都扮演着非常重要的角色,肩负着社会职责和国家使命。新中国成立以来,我党和政府始终将师德师风建设放在非常重要的位置,颁布了一系列文件明确教师需要遵守的职业规范,划定教师的道德行为底线。《学校体育工作条例》中明确规定:"体育教师应该热爱自己的本职工作,具有高尚的思想道德品质和基本的文化素养,熟练掌握教学理论知识与教学方法。"

面对世界百年未有之大变局,目前我国处于实现中华民族伟大复兴的历史新时期,对人才的需求更加迫切,习近平总书记十分关注教师对人才的培养,关注师德规范建设。党的十八大以来,习近平总书记多次到一线了解情况,与广大师生密切沟通,到学校进行实地考察,掌握学生的成长需要与教师的发展需要,多次强调优秀教师的基本要求与条件。

我国师德的内涵主要来源于三大方面,即中国传统文化思想、西方教师的职业道德思想和中国特色社会主义理论思想。师德在新时期被赋予了新的内涵,其内涵主要集中在"国""业""人"三大方面。就体育教师而言,不仅需要和其他学科教师一样,掌握师德在新时代背景下的新内涵,承担神圣的教育使命,还需要关注体育教育的特殊性,如运动技能等相关要素。

(1)"国"的部分聚焦于思想政治方面。教师职业道德方面的最低标准在《公民道德建设实施纲要》中有相关论述,主要体现在教师应该忠于党和国家,忠于自身的教育事业,做到"热爱祖国""遵纪守法""具有理想信念"等。"国"这一方面强调的"师德"是所有学科教师共通的部分,是所有国家公职人员都需要严格遵守的。

(2)"业"的部分聚焦于职业道德方面。我国师德的发展借鉴了许多西方教育家的职业道德思想,如苏格拉底、苏霍姆林斯基等。学习对我国有益的教育经验,并充分结合中国特色社会主义的特点,在具体的改革实践过程中,逐渐形成了马克思主义中国化的师德观。毫无疑问,教师以教书育人为天职,需要以热爱教育事业为基本立足点。著名教育家刘佛年提出:"所谓师德,或者说是教师修养,包含多方面的内容,但最重要的,我认为是对待学生的态度,对待学生的态度就是对事业的态度,这是修养中最重要的内容。"① 职业道德主要涉及五部分内容,即爱岗敬业、教书育人、仁爱之心、学科自信、学习创新。在"学习创新""学科自信"两个部分,体育教师的师德与其他学科教师略有不同,需要聚焦于体育教师的职业特点与具体的职业要求,避免发生"虚化""泛化"等问题。

(3)"人"的部分聚焦于个体能力修养方面。师德具有内生性,受中国传统文化,尤其是儒家思想文化的影响,现代教育家普遍认同"立德树人"是教育的本质,具有高尚的道德情操是教师为师的根本。中共中央总书记习近平号召教师争做"四有教师",即有理想信念、有道德情操、有扎实知识、有仁爱之心,对教师的个人修养和个人工作能力提出了基本的要求。每位教师都应仔细钻研学科的相关理论、实践知识,根据学生的不同特点,因材施教,探索适合学生的有效的教学方法。

第二节 体育教师必备职业道德

参加全民健身活动的人群有很多,不同年龄、不同性别、不同职业的人都可以根据自己的爱好参加各种各样的健身活动。作为一名将来从事体育教师或者体育指导员职业的体育教育专业学生一定要具备良好的职业道德,只有如此才能全力以赴地投入指导人们的健身活动锻炼中,帮助人们提高自己的锻炼水平。

一、体育教师职业道德的概念

从师德的概念和相关论述中不难看出,教师的职业道德(简称"师德")是判断教师思想、行为善恶的标准,若教师的思想行为符合师德要求,我们就称之为"有道德",若违反了师德要求,我们就称之为"无道德"。

在探讨体育教师的职业道德之前,我们首先要了解体育教师这一职业的具体特点和体育教师在学校建设中的关键作用。相比于其他学科

---

① 黄小凤.广州市区中学体育教师师德建设现状与发展对策研究[J].当代体育科技,2020,10(01):163+165.

第四章　全民健身背景下体育教师思想道德素质的培养与提升

的教师,体育教师是学校体育教学工作的执行者,是学校体育教育的实施者,是校园体育文化的建设者,体育教师主要符合以下具体特点。

(1)从教授的课程内容来看,体育教师传授给学生专业的运动知识、运动技能,体育课程多以体育活动、身体运动为主,重在实际的运动练习、体育活动,而不是单单教授课本上的理论知识。

(2)从教学活动实施的场所来看,体育课程多在体育馆、操场进行,而不是在教室中进行。

(3)从运用的教学方式来看,体育教育轻"言传"、重"身教"。体育教师应充分理解与掌握体育运动项目的特点,示范准确的技术动作,对自己的教学内容负责,对学生负责。

(4)从具体的工作内容来看,体育教师需要管非常多的事务,如运动会、校内比赛、校外比赛、达标测试等。

体育教师虽然管理非常多的事务,并且在校内承担"促进学生身体健康发展"的重要工作,但在社会中常常受到歧视,在教师群体中成为典型的"弱势群体"。

"体育教师师德"强调了体育教师这一特殊的身份,丰富了"师德"的含义。本书中所指的"体育教师师德"的定义为:从事体育教育工作的工作者们所要遵守的道德准则,该准则是向着专业化方向发展的,符合教师、体育工作者、社会公民的道德准则,体育教师师德是体育教师个人最基本的道德与行为的衡量标准。[①]

二、体育教师职业道德的具体体现

体育教师的职业道德体现在多个方面。

(1)社会层面中的体现。肩负社会责任,遵守公民道德,具有强烈的社会责任感。

(2)学校层面中的体现。督促每一位学生参加体育课,向学生传播体育运动知识与技能,监管课间操、早操活动,协助开展体育兴趣小组和体育运动社团,协助举办各类体育竞赛,积极建设校园体育文化。

(3)体育教学活动中的体现。在体育教学活动中,有极强的安全意识,保证学生的人身安全,重视体育课程中出现的安全问题,做到"预防

---

① 董文静.儒家人文精神融入山东省高校体育教师师德建设的路径研究[D].曲阜师范大学,2020:14.

为主,保护优先"。

（4）教学理念与方法中的体现。当今社会高速发展,教学设施条件不断改善,与时俱进的教学理念是教师职业道德的养成要素。体育教师需要充分利用现代化教学手段,注重学生的个体差异,培养学生对体育锻炼的兴趣,养成终身锻炼的习惯,帮助学生实现全面发展。体育教师在解决特殊问题时,教学方法与技巧有着非常重要的价值。体育教师的教学技巧直接影响教学的效果,例如,在课程教学过程中遇到个性张扬、爱出风头的学生影响整个课堂的进度,教师应该分析学生的心理,因势利导,可以采用课后谈话法,对热问题采用冷处理。

（5）仪容仪表中的体现。得体的仪容仪表是教师职业道德的外在表现,仪容仪表展示着教师的职业形象,潜藏着一定的审美意义与教育价值。体育教师应该着装大方得体,展示阳光、健康的职业形象,在体育教育过程中塑造学生在坐、立、行中的正确姿态,以积极、健康的身体,快乐、阳光的心态面对生活。

三、体育教师职业道德的具体内容

各专家学者对体育教师师德的具体内容进行了深入的研究,提出了自己的看法(表 4-1)。

表 4-1　体育教师师德具体内容研究统计表[①]

序号	作者	主要观点
1	席凯强 张阔涛 宫新清	职业理想、职业责任、职业态度和职业行为 4 个一级指标。热爱并献身教育事业、热爱学生、坚持正确的政治方向和教育方针、对学生负责、对学校负责、对社会负责、严谨治学的态度、高尚的职业素养、以身作则、为人师表和团结协作精神
2	邵清 陈云	做到"四有教师":有坚定的理想信念;有高尚的道德情操;有扎实的学识功底;有博大的仁爱之心
3	汪雅莉	做到"德性与德行"相一致;坚持"做人与育人"相统一;加强"教学与科研"相结合
4	赵权忠	重道、崇德、通情、知义、识礼、负责

---

① 董文静.儒家人文精神融入山东省高校体育教师师德建设的路径研究[D].曲阜师范大学,2020:15.

第四章 全民健身背景下体育教师思想道德素质的培养与提升

续表

序号	作者	主要观点
5	李勇 翁建定	高校体育教师的评价量表应包括：爱国守法、明礼诚信；敬业乐教、无私奉献；严谨治学、为人师表；热爱学生、育人为本；精业博学、求实创新；团结协作、和谐发展6个一级标准及23个二级标准
6	李勇	以专业化思想构建教师职业道德，可分为三个层次结构：一是职业道德理想，二是职业道德原则，三是职业道德规则
7	沈桂萍	对待体育教育事业的道德，对待体育教育对象及学生的道德，以及对待体育教育同行的道德
8	张天祥	刻苦训练，勤奋学习；讲究体育道德；热爱学生，严格要求；相互支持，积极配合4项内容

四、体育教师职业道德的价值体系

理想、技能、态度、责任、良心与荣誉是教师在职业生涯中最重要的道德要素，这些要素加起来构成了教师职业道德的价值体系。体育教师职业道德的价值体系中包括五大要素，即教师职业的思想准备、正确态度、公正良心、责任荣誉以及知识储备（图4-1）。

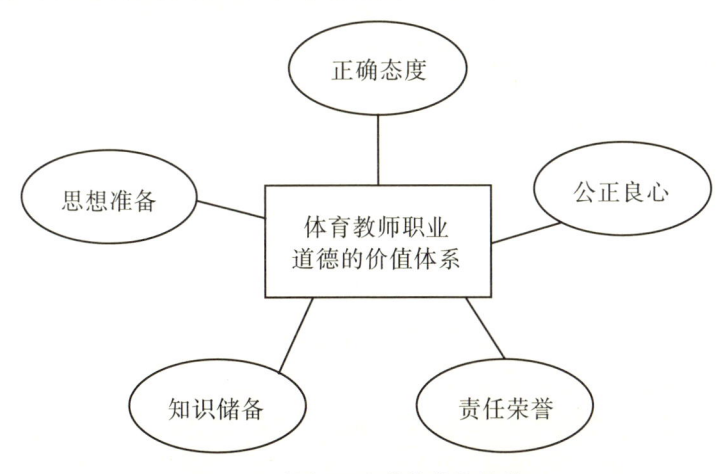

图4-1 教师职业道德的价值体系

只有对体育教师这一职业有深刻的认识，对从事体育事业做好充分的准备，产生了职业认同，才有可能在实际的体育教学工作中产生遵守职业道德规范的行为。只有端正自己的态度，对人民教育事业忠心，具有无私奉献的精神，才有可能在实际的体育教学工作中产生遵守职业道德规范的行为。只有在教学活动中对不同性别、民族、相貌、智力水平、个性的学生一视同仁,做到公平公正,才能体现出教师对学生无差别的爱。只有拥有足够的知识储备、过硬的技能、高超的竞技能力,才能担起教书育人的重任,培养出社会主义新一代的建设者和接班人。

第三节 体育教师师德规范建设

无论是作为一名体育教师还是社会体育指导员,在平时的工作中都要加强师德规范教育,努力提升自身的职业道德和素质水平。本节就重点研究体育教师的师德规范建设,以为人们参加全民健身活动提供高质量的教师指导员队伍。

一、师德规范建设的理论特征

目前,与师德规范建设相关的中国方案已经不断深入到教师的培养体系中,并取得了一定的成果。广大师生对师德规范建设的支持与拥护,离不开背后科学的理论逻辑,师德规范建设的理论特征主要集中于人本思维、战略思维、底线思维之中。

(一)强调立德树人,凸显人本思维

师德高度体现在"立德树人"上,在新局势、新发展的挑战面前,师德规范建设需要教师实现"立德树人"的根本任务。"立德树人"的本质在于立社会主义道德,成为社会主义伟大事业的接班人。"立德"先于"树人",教师、学生都需要将培养自身高尚的道德品质放在首位,具备分辨是非、辨别善恶的基本能力。"立德"之后"树人",实现"树人"这一目标需要教师帮助学生树立健康的人格,满足国家、社会经济发展的需要。在此过程中,教师、学生作为师德规范建设的主要参与者,充分凸显了人本思维。

师德规范建设将老师、学生作为双主体,必须从教师、学生的发展出发。

(1)坚持教师主体,了解教师情况。以教师为主体需要解决"培养

第四章　全民健身背景下体育教师思想道德素质的培养与提升

什么样的教师""怎样培养教师"两大基本问题。首先,需要了解教育运行的规律、了解师德的特点。其次,需要深入分析我国师德规范建设的现状,明确我国师德规范建设中取得的成果和存在的不足。最后,充分研究、探讨、解决师德规范建设中存在的问题,对症下药。师德规范建设只有围绕教师这一主体展开,才能取得一定的成效。

（2）坚持学生主体,一切为了学生。教师队伍承担着培养社会主义接班人的历史重任,教师队伍的培养,最终在于如何使教师更好地为学生服务。教师被视为学生的人生导师,导师的政治思想觉悟、情怀、思维、视野、人格与教书育人的实际效果息息相关。青少年正处于人生的迷茫期、探索期、树立理想的关键期,需要精心的引导与栽培。教师必须遵循"一切为了学生""一切从学生出发"的宗旨,坚持以学生为主体,围绕"培养什么样的学生""如何培养优秀学生"两大问题开展自身的教学工作,进行师德规范建设。师德规范建设对学生的成长与发展提出了明确的希望,充分体现了深刻的人本思维。

（二）培养师德师风,凸显战略思维

"战略思维"指问题解决者在面对问题系统时,认真分析,理清形势,明确自身的发展状况,在解决问题的过程中制定和运用的战略性思维方式。习近平总书记号召"全党要提高战略思维能力,不断增强工作的原则性、系统性、预见性、创造性,按照新要求制定党和国家大政方针,完善发展战略和各项政策","坚持战略方向、保持战略定力"。①

在师德规范建设工作中明显体现出习近平总书记提出的战略思维。

1. 教师师德师风建设体现目标战略

师德规范建设处于国家发展的战略之中,需要具有明确的目标指引,做到与国家经济社会发展的总目标相统一,与建设中国特色社会主义的目标相统一。

（1）师德规范建设的目标应与国家经济和社会发展的总目标相统一。2018年初下发的《关于全面深化新时代教师队伍建设改革的意见》是全面落实习近平总书记关于教师队伍建设思想的具体体现,它明确指出,坚持兴国必先强师,要深刻认识教师队伍建设的重要意义和总体要

---

① 秦苗苗.习近平关于师德建设论述研究[D].大连：大连海事大学,2020：94.

求,紧紧围绕统筹推进"五位一体"总体布局和协调推进"四个全面"战略布局,突出全员全方位全过程师德养成,充分体现了师德规范建设的目标要与国家经济社会发展的总目标相一致的战略规划。[1]教师是人类文明的主要传播者,教师通过传授相关知识、技能使知识、技能得到延伸。同时,教师应该全力服务于经济社会的发展,激活学生的创新基因,助力国家健康快速向前发展。

(2)师德规范建设的目标应与中国特色社会主义建设的目标相统一。教师只有具备高尚的师德,正好自己的衣冠,才有资格培养学生的道德情操、树立学生的理想信念,才能培养出优秀的社会主义接班人。从今往后,国家冬奥会的筹备等各项活动均需要青年才俊、运动健儿团结在党的周围,坚定建设祖国的决心,锐意进取,为国家出力。

2.教师师德师风建设立足知行战略

"知"指人的知识经验、道德意识等,"行"指人的道德实践、行事表现,"知"是"行"的前提,"行"是"知"的目的。知行合一,即道德意识与实践的统一,知识经验与行事表现的统一。社会主义建设中的每一项事业都需要脚踏实地、一点一滴地践行与实践,践行知行合一,注重实干精神,做真正的实干家。体育教师需要在体育教学中实现知、信、行的统一,培养自身的个性魅力,为学生提供正能量,赢得学生信任,扩大自身对学生的积极影响。

(三)明确师德底线,凸显底线思维

底线思维指面对实际情况,通过搜证多方信息,进行风险评估,对可能出现的最坏情况做出合理估计。在一定程度上,始终贯彻底线思维可能会产生最好的结果,人们受到底线的约束,会对根本性问题保持敏感,避免产生不可挽回的损失,避免对整个社会造成严重的危害。

在师德规范建设中,需要充分运用底线思维,划定师德红线。师德是教师良知的一面镜子,教师没有"德",没有理想信念,就难以心系学生,关心爱护学生,认真对待自己的教学工作。教师没有"德",师生之间、学生之间就只是一种物化的假象关系,对学生身心的发展非常不利。师德红线也是拯救社会公德的最后防线,教师的道德品质、职业素

---

[1] 秦苗苗.习近平关于师德建设论述研究[D].大连:大连海事大学,2020:95.

养都会潜移默化地反射到学生身上,随着学生慢慢步入社会,影响整个社会大环境。由于教师这一行业特殊的职业特点,其在学校外的个人行为也会受到社会的关注。一旦教师做出道德失范行为,会受到社会各界的广泛关注。互联网环境下,频频爆出教师师德师风上的问题,例如个别教师忽视与学生的沟通交流,忽视学生的学习、生活压力,影响了教师在广大人民群众心中的形象。教育工作者需要强调师德观,把师德师风作为评价教师的首要标准,对于道德水平低下的教师应及时开展教育,对道德失范行为要严惩,若情节严重,则需要及时将害群之马清除出教师队伍。

二、体育教师师德规范建设的现状

师德规范建设是社会主义精神文明建设的重要组成部分,是我国文化建设的灵魂,加强师德规范建设能够为我国社会道德建设奠定基础。教师作为社会公民,不仅需要遵守社会公民道德,而且需要在面对师德规范建设中存在的问题时,从教师的专业角度出发,在观念上转向教师专业道德的方向,建设教师专业道德。

从整体上看,体育教师师德规范建设的运行状态良好,大部分体育教师的师德水平较高。

有研究人员对广大教师、学生开展体育教师师德现状的问卷调查。其中,针对"体育教师的师德水平"这一项目,43.59%的教师表示"非常满意";41.03%的教师表示"比较满意";15.38%的教师认为体育教师的师德水平"一般";没有教师对体育教师的师德水平"不满意"。在教师自身形象提升相关调查表中,针对"非常注重自身形象,积极提升个人思想道德水平"这一项目,46.41%的教师认为自己"非常符合";41.03%的教师认为自己"比较符合";12.56%的教师认为自己处于"一般"水平,没有教师认为自己"完全不符合"。由此可见,教师队伍对体育教师师德水平的整体满意度较高。

在学生问卷中,针对"任课体育教师的师德水平"这一项目,75.45%的学生表示"优秀";14.68%的学生表示"良好";9.46%的学生表示"一般";仍有0.42%的学生认为任课体育教师的师德水平"较差"。由此可见,学生队伍对体育教师师德水平的整体满意度较高,有极个别学生不满意于体育教师的思想道德水平。

在教师职业热爱度调查表中,针对"是否热爱自己的职业"这一项目,87.18%的教师表示非常热爱自己的教师职业;12.82%的教师仅仅将教师这一职业作为一种谋生的手段,无所谓热不热爱。没有教师不热爱自己的教师职业。由此可见,大部分教师能够热爱自身的职业、工作,并通过教师这一职业展现自身的价值。

三、体育教师师德规范建设中存在的问题

各校、各教育家、社会各界采取多种措施,探索多种路径提升教师的思想道德素质,但目前,我国体育教师师德规范建设中仍存在一些问题。

（一）原有职业道德规范教育陷入困境

2011年,教育部曾研究和制定了学校教师职业道德规范,将其内容规定为:爱国守法、敬业爱生、教书育人、严谨治学、服务社会、为人师表六个部分,对教师的思想道德素质、专业素质提出了基本的要求。但是,教师教育体系中师德规范建设一直未深入,缺乏依据不同教师、不同学科特征做出的符合各学科特点的师德规范,导致原有的职业道德规范教育渐渐成为一种"口号",难以深入推进,师德规范建设陷入困境。

（二）缺乏与体育教师相关的法律法规

我国已经拟定与颁布了多项具有强制力的、规范教师思想道德素质的法规,其中包括《中华人民共和国教育法》《中华人民共和国教师法》《学校教师职业道德规范》等。这些法规虽然在一定程度上规范了教师的思想与行为,但是法规中的内容往往过于宏观,缺乏对具体教学工作的指导,操作性不强。

（三）体育教师的社会地位普遍不高

在社会上,出现过许多诸如"数学是体育老师教的"相关言论,甚至出现了一些对体育教师不公的评价,一方面否定了体育教师的专业能力,另一方面间接否定了体育教师的个人学习能力。大多数体育教师作为一名体育生进入大学的校园,校内、校外对体育生存在着偏见,出现

对体育生道德行为不公的言论,影响了大众对体育生、体育教师的态度与看法。

随着体育在我国越来越受重视,体育教师的社会地位也有所提升,但社会上还有许多人对体育教师存在偏见,认为体育教师"强在运动,弱在文化",思想道德修养水平较低,忽视体育教师这一群体对社会带来的贡献。与此同时,在教育改革阶段,体育教师的教学、科研任务变得繁重,部分体育教师还需要将大量精力投入到学历提升等问题上,承受了不小的压力,诱发了体育教师的职业倦怠。想要完全改变这一现状,还需要较长的一段时间。

（四）体育教师自我提升意识较为淡薄

提升教师职业道德水平的一条重要途径是解决教师的再教育问题。许多教师在上岗前接受大量的专业培训,但在入职后,逐渐降低对自身的标准,放松了对自身能力和道德水平的培养。部分教师对教育改革的认识不足,没有意识到更新自身知识体系、提升技能水平和个人品质的重要性,采用的教学方式、遵循的教学理念还停留在过去,难以适应新时代的快速发展。若体育教师仍运用旧知识进行教学,体育教学必定是低效、落后的,体育教师的层次也会停留在自我意识较低的层面,阻碍体育教师的师德规范建设。

四、体育教师师德规范建设的保障体系

（一）政策保障

政府发挥积极作用,为体育教师师德规范建设提供政策保障。
（1）将公办中小学教师纳入国家公职人员,确立其特殊的法律地位,凸显教师职业的公共属性。
（2）加强教师群体的福利待遇,确保教师的平均工资不低于当地公务员的平均工资。

（二）法制保障

道德与法治相互制约,相辅相成。师德是法律的自觉形式,而法律是师德的强制形式,要想使教师师德建设有进一步的发展,二者必不可少。

体育教师师德建设需要强有力的法制保障,现代教师师德必向依法执教的方向发展,现代教育逐渐步入法制化。教师应严格遵守教育法规,提升自身依法执教的自觉性。

(三)经费保障

校方和社会各界有必要对教师开展师德师风培训,以提升教师的思想道德素质。因此,需要加大对培训的资金投入,构建针对性强、系统性强、阶段性强的、符合各学科特点的师德培训内容,提升师德建设培训的频率,探索师德建设的有效形式。

(四)学校保障

教育部门着力改善教师选聘制度、考核制度、晋升制度,完善师德评价体系,选取适当的师德评价指标,强调师德师风考核对教师的重要性。学校应加强教师师德考核制度,对还未上岗、新上岗、已从教多年的教师进行持续的考察,制定出科学合理的奖惩措施。与此同时,学校应该对道德失范言论、道德失范行为给予严肃处理。发布通报评批、惩处通告等都是有力的手段。与此同时,应该在校内推选优秀教师,担当道德榜样,对师德楷模进行表彰活动,形成校园榜样力量。

(五)社会保障

维护和提升教师的社会地位需要整个社会营造出尊师重教的文化环境。最近几年,教师的负面新闻层出不穷,网上骂声一片,有些对体育教师的污蔑、不公言论显然是乱带节奏,没有依据的。不实的新闻激发了人民群众对体育教师这一群体的负面情绪。但需要强调的是,个体失范行为不具有普遍性和代表性,整个体育教师群体不应该受到质疑与否定。政府应该采取一定的措施,整治虚假报道乱象,净化社会的舆论环境。

第四节 体育教师师德素质的培养方法

师德素质的培养是一项长期且艰巨的任务,要想提升体育教师的师德素质,需要社会各界、教育行政部门、学校各级组织、教师自身的通力合作、共同努力。具体可从教育引导、环境塑造、机制构建、自身建设等方面出发,探索出有效的措施。在全民健身活动广泛开展的今天,我们要为广大人民群众努力打造一个和谐的锻炼氛围,而这一和谐氛围的营造则很大程度上依赖于体育教师。本节就重点研究如何培养与提高体育教师的师德素质。

一、加强师德教育与引导

德国著名教育家第斯多惠曾指出:"教师自己受了多大程度的教育和培养,在多大程度上使这种教育和修养成为自己的财富,他就只能在这样大和这样多的程度上对别人发生培养和教育的影响,而且必然会发生这种影响。"[1]可见,教师自身接受教育的程度和思想觉悟在很大程度上限制了学生的发展。因此,需要大力加强对体育教师的理论教育、价值引导,帮助广大体育教师更加深刻地了解自己从事的职业,构建自身的职业理想,以更加饱满的状态投入到日常的教学工作之中。

(一)坚持社会主义核心价值体系

教师应努力培养出社会主义伟大事业的建设者、接班人,这项重任关系到中华民族的伟大复兴和中国特色社会主义事业的成败。体育教师首先需要学习社会主义核心价值体系,坚定共产主义的理想信念。理想信念是广大共产党人的"精神之钙",有助于我国教师的思想道德建设。用社会主义核心价值体系武装体育教师需要做到以下几点。

(1)认真学习中国特色社会主义理论体系,提升理论水平、政治素养、思想意识,掌握科学的理论与方法,促进形成良好的师风。

---

[1] 廖良.高校青年教师师德现状及建设研究[D].武汉:华中师范大学,2014:38.

（2）加强共产主义理想信念，树立伟大的职业理想，抵制社会上不良风气的影响，保持正确的价值观与价值取向、高尚的职业道德操守，自觉履行教书育人的职责，立志培养优质人才。

（3）加强以爱国主义为核心的民族精神，以改革创新为核心的时代精神，充分认识到教师这一职业的光荣使命。积极开拓进取，坚持创新，起到良好的榜样与示范作用。

（4）加强社会主义荣辱观学习，引导广大体育教师形成正确的道德行为规范，明确什么"可为"，什么"不可为"，什么是"荣"，什么是"辱"。指引教师做出正确的道德选择。

（二）弘扬优秀师德传统

师德是社会道德的重要组成部分，道德的发展是一个缓慢的过程，需要时间的积累。我国几千年的文化、几千年的发展，积聚了优秀的师德传统。这些优秀传统对当今的师德规范建设仍有极大的启发意义与实用价值，因此，体育教师应该继承和弘扬我国优秀的师德传统。

"正身修己"是我国古代师德传统的内核，古人认为，为师之道，就是修己安人之道，非常注重内省和具备较高的责任感、使命感。我国师德传统主要包括以下内容。

（1）乐于奉献，安于清贫，敬业奉献。这三种精神的培养需要投身于教师事业的一代又一代人的努力。其中，敬业奉献是基础，清贫乐道是真实写照。教师需要在倡导物质享受的社会环境中守住自己的精神家园，在岗位中耐得住清贫。

（2）善于学习、乐于钻研的治学精神。体育教师需要不断进行自我学习、自我教育，不断钻研、学习、更新知识，在学习与教学实践中认识到自身的不足，不断反思。教师可以向同行学习，也可以向自己的学生学习，实现教学相长，真正做到学无止境。

（3）追求真理，秉承科学态度。教师应该做到专业、严谨、科学，勇于追求与探索真理。

（4）具有爱生情怀，在内心深处热爱自己的学生，成为学生学习路上的良师益友。

第四章 全民健身背景下体育教师思想道德素质的培养与提升

二、优化师德规范建设运行机制

体育教师师德素质的提升离不开师德规范建设中良好的运行机制。正如罗尔斯所说,单谈个人道德的修养和完善,对个人提出严格的道德要求,对制度的公正性置之不理,那么,即使个人严格遵守与信奉这些道德要求,其对整个社会的影响力也是微乎其微的。因此,只有积极探索、构建较为完善的师德规范建设运行机制,才能为教师师德素质的培养提供保障。

各校应加强对教师师德的全程化培训,坚持理论与实践的有效结合,针对不同阶段的教师提供有针对性的培训内容。各校更应该重视拓宽师德培训的渠道,使培训逐渐实现常规化、生活化,将师德培训贯穿于体育教师的科研工作、教学工作之中,组织开展"师德沙龙"等活动,增强教师的参与积极性,加强各教师之间的交流沟通。与此同时,增加开展师德培训活动的经费,建立教师师德档案,严格评估、考核师德培训的效果,表扬与重用认真参加培训、在平时工作中表现优异的教师,并对态度不佳、表现不佳者采取适当的惩罚措施。

有效的激励手段能够影响体育教师的行为,充分发挥个人的能力。激励机制建设可从显性激励和隐性激励两方面入手,提升体育教师的师德素质水平。

显性激励主要体现在薪酬待遇方面,在市场经济的作用下,教师不仅是"知识人",还是"经济人",教师的经济压力、生活压力会影响教师自身的发展,仅仅将教学工作当成自己谋生的"饭碗",从而对教学工作、学生工作缺乏关注。各校应该重视体育教师的薪酬待遇、日常开销,尽力提升教师的各项待遇,如提高住房补贴、生活补贴、社会保险,为教师建造教师公寓等。针对一些单身体育教师,校方还可以开展相亲活动,为合适的男女单身教师牵线搭桥。总之,校方应该充分为教师考虑,采取各种措施减轻教师的生活压力,提升教师的生活质量、生活品质,让体育教师无后顾之忧地全心投入于自己的教育事业。

隐性激励主要体现在职位的晋升与个人荣誉方面。各校在对教师进行职称评定时,应综合考虑教学、科研、师德等多方面的实际表现,搭建教师成长发展平台,为优秀教师提供公开公正的职位上升渠道,使教师能够在更多的"舞台"上展现自我。与此同时,学校可加大对师德优秀的体育教师的表彰与宣传,通过校园媒体、教职工大会等方式提升教师的职业荣誉感。

三、构建良好的人文环境

环境对人有很大的影响,体育教师的师德规范建设需要在特定的环境下进行,其中包括社会环境、校园环境、生活环境等。构建良好的人文环境,有助于激发教师提升师德素质的动力和信心。

(一)营造和谐的校园文化环境

不同于其他的社会群体,校园文化是师生双方在长期的教学实践活动中形成的意识、氛围,体现全体师生的价值取向、思维方式,反映全体师生共同的情感、意志与行为取向。校园文化既包括物质文化也包括精神文化。物质文化主要体现在学校建筑设计、校园景观上;精神文化则包括校风、教风、学风等。和谐的校园文化会对教师产生潜移默化的影响,促进教师自觉提升自身的文化素质和思想道德水平。校园的物质文化环境是教师工作、生活的地方,若蕴含着自然的美感和人文精神,定能成为熏陶体育教师向好发展的强大外部力量。

各校可积极开展形式丰富的文化活动,营造文明、和谐、健康的文化、精神氛围,释放出正能量,抵制外界不良价值观对教师的影响,提高广大教师的道德认知。各校还可以充分利用校园网络,规范和引导校园网络文化建设,使教师明确自身的责任,同时在网上开展评师活动,监督教师的言行,规范教师的道德行为。

(二)营造良好的工作氛围

教师只有在良好的工作氛围、舒适的工作空间中,才能够专注于自己的本职工作,提升工作效率。教研室、办公室是教师进行工作的主要场所,塑造和谐温馨的办公室环境,有助于体育教师消除教学疲劳,降低精神压力,以饱满的状态投入到体育教学工作之中。与此同时,鼓励教师在校园内培养良好的人际关系。个人的成长与潜能的激发与人际关系息息相关,教师之间相互帮助、相互启发,有助于在教师之间培养、传播关爱学生、奉献、敬业的职业精神。著名教育家马可连柯曾说过:

"在一个紧密联结在一起的集体内,即使是个最年轻、最没有经验的教师也会比任何一个有经验和有才干的,但与教育集体背道而驰的教师能做出更多的工作。"[①] 好的工作氛围无疑能够激发教师的工作热情,让体育教师在心中开出理想之花。

四、提升体育教师的自我修养

学校的发展离不开完善的规章制度,但最重要的东西在于教师的个性,因为教师长期与学生面对面交往,在校园中对学生施加的影响最大。而学校的发展在一定程度上可以等同于学生的发展。教师对青少年的影响主要体现在教师个人的个性修养上,远远超过教科书、道德说教、奖惩制度等方式对学生施加的影响。因此,在教师师德的培养工作中,要加强对教师自我修养的培养。

专家学者走访广大学生,调查学生最喜欢和最不喜欢的教师身上所具备的特点。调查结果表明,学生喜爱教师身上具有热情幽默、和蔼可亲、易于沟通、形象气质较好等特点,不喜欢教师身上具有迂腐呆板、缺乏热情、狂妄自大、缺乏责任心等特点。

教师的人格特征、人格魅力极大地影响着学生的思想观念、生活态度,并在日常生活中得以体现。学校应顺应学生对教师的期待,帮助教师发扬自身的优点,弥补性格上的缺陷。体育教师应该积极参与学校组织的活动,如师德课程讲座等,改善自身的情况,提升自身的师德修养。

---

① 廖良.高校青年教师师德现状及建设研究[D].武汉:华中师范大学,2014:45.

第五章　全民健身背景下体育教师身心素质的培养与提升

　　如今，我国全民健身运动正如火如荼地开展，在余暇时间里人们倾向于参加各种各样的休闲体育活动，这在提升了人们身心素质的同时，还能极大地丰富人们的精神文化生活。在当今社会背景下，人们面临着一些身心健康方面的问题，对于从事学校教育的体育教师而言也是如此。因此，加强体育教师的身心素质的培养与提升是非常有必要的。在全民健身背景下，体育教师或社会体育指导员要采取各种手段与方法努力提升自身的身体素质和心理素质，以更好地为健身爱好者提供服务和帮助。

第一节　体育教师应具备的身体素质与心理品质

　　作为一名体育教师必须要具备出色的身体素质，同时还要具备优良的心理素质，因为在体育教学或指导人们参加运动锻炼的过程中难免会发生一些意外情况，没有良好的心理素质是很难及时地处理各种问题的。因此，加强体育教师身心素质的培养非常重要。

一、体育教师应具备的身体素质

　　与其他学科的教师不同，体育教师具有脑力劳动和体力劳动相结合的特点，除了从事基本的理论教学外，大部分的时间都是实践课教学。除此之外，体育教师还担负着领操、练习运动队、组织学校运动会或体育竞赛、担任裁判员等多方面的工作。在这样的情况下，没有良好的身体素质是不行的。

第五章　全民健身背景下体育教师身心素质的培养与提升

体育教师的这些工作可以说是集体力劳动、脑力劳动于一身,对教师的各项素质要求都较高。要求体育教师具备良好的体质水平、健康的体魄和充沛的精力,这样也能为学生做好充分的表率作用。在平时的教学与生活中,体育教师还要注意锻炼自己的仪表、体态和体魄等,不断提高自身的运动技能,以为学生提供良好的指导。

二、体育教师应具备的心理品质

(1)体育教师需要具备良好的个性。这些个性主要包括正确的政治观、历史观和价值观;诚恳、勤劳、忠实、乐观、活泼的性格特征。良好的个性无论是对于体育教师的发展还是对学生的影响都是非常重要的。[1]

(2)高尚的情操。具备高尚情操的体育教师对学生能形成直接的感染力,能给学生做出正确的示范,带动学生积极向上,主动参与学习与锻炼。体育教师高尚的情操具体包括以下方面:第一,热爱祖国,追求真理,积极鼓励学生参与教学与练习。第二,充满工作的热情,热爱体育教育事业,爱护学生。第三,情绪稳定,心态平和,指导学生有条不紊地参加教学或练习活动。第四,文化素养较高,谈吐风趣幽默,善于消除学生的不良心理情绪。

(3)坚强的意志。体育课绝大部分都是实践课,对体育教师的身体素质要求非常高,长期长时间的工作要求体育教师除了要具备出色的体能外,还要具备坚强的意志品质。另外,体育教师还要具有高度的责任感及自觉性。体育课活动主要包括技战术练习、实战比赛等内容,体育教师必须要克服一系列内外困难,完成既定的任务和目标。在教学与练习活动中,需要体育教师保持耐心,持之以恒地参加工作,指导学生以良好的精神面貌参与到体育教学与练习之中。

(4)勇于进取、严于自制的态度。体育教学和练习活动都是十分严谨的过程,在具体的教学与练习活动中,难免存在一些困难和问题,如:教学练习条件差,运动量较大,发生运动损伤等,这就要求体育教师具有勇于进取、严于自制的工作态度。如此才能更好地组织与管理教学与练习活动。

---

[1] 张庆海.关于体育教师的身体素质及心理品质的探讨[J].延安教育学院学报,2001(03):52-54.

（5）吃苦耐劳、无私奉献的精神。体育课大部分都是在户外进行的,在户外环境下,时常会忍受烈日的暴晒和寒风的洗礼。[①] 在这样的工作环境下,如果没有以苦为乐、吃苦耐劳的精神,就会知难而退。因此,体育教师还必须要具备吃苦耐劳、勇于奉献的精神。

第二节 体育教师的身心健康现状分析

在全民健身背景下,人民群众参加健身锻炼的积极性越来越高,通过参加各种各样的体育锻炼,人们的身体素质得到了发展和提高。对于体育教师而言,其要想将来从事社会体育指导员工作,指导人们科学地参与运动健身就需要具有良好的身体素质。与普通人相比,体育教师的身体素质通常会好一些,但也存在着一定的问题。本节就重点阐述与分析体育教师的身心健康状况。

一、体育教师的身体素质现状

（一）基本现状

（1）身体机能。近些年来,我国国民在身体机能方面普遍呈现出下滑的趋势。比如,心肺功能方面下滑趋势较为显著。但是要想使身体各个系统的机能得到有效提升,就要求必须保证人的身体机能得到发展,比如,呼吸肌的力量增强,呼吸功能等就能得以改善;心肌力量增强,心血管功能等则可以得到改善。一个人的身体机能状况,可以从肺活量、心血管机能、血压上得到体现。从这些方面来看,我国大部分的体育教师都有着不错的身体机能,身体系统各个方面的能力都要优于普通人。

（2）身体素质。身体素质是人体在运动中所表现出来的力量、速度、耐力等身体基本状态和功能能力。与一般的国民身体素质相同,体育教师的身体机能和身体素质变化形态也呈现出一定的"山峰"状,即在青年时期是高峰期,中年期开始就呈现出一定的下滑趋势。对于体育教师

---

① 张庆海.关于体育教师的身体素质及心理品质的探讨[J].延安教育学院学报,2001(03):52-54.

第五章 全民健身背景下体育教师身心素质的培养与提升

而言,这一下滑趋势也是不可逆的,但是下滑的速度要比普通人慢一些。

(二)常见的身体健康问题

1. 受慢性病的困扰

伴随着时间的推移,我国居民的经济水平和生活水平日益提高,不科学的饮食习惯、作息习惯以及脑力劳动对体力劳动的大范围取代,导致"现代富贵病"越来越广泛和严重。慢性病发展的普遍性、高发性以及年轻化,都是当前我国国民身体素质的重要信号。作为一名体育教师也少不了受这些慢性病的困扰。慢性病又被称为慢性退行性疾病,主要包括高血脂、高血压、糖尿病、冠心病、癌症、慢性支气管炎、关节炎等,这些疾病对人们的工作、生活和学习都会产生不良影响,因此要给予高度重视。

导致慢性疾病的原因有很多,其中不健康的生活方式是一个非常重要的因素。社会发展到现在,很多的人都患有糖尿病,患糖尿病的比例呈逐年增加趋势,上升幅度明显。

除此之外,我国癌症发病率和死亡率的发展态势都呈现出了逐渐增加的趋势,而且,截至目前,还没有找到一种有效措施,能够有效遏制这种严重的发展势头。我国的癌症死亡率之所以比较高,一个重要原因就是我国癌症发现大都是在中晚期。癌症已成为我国第一大死亡原因,即便目前的诊断和治疗手段已经非常先进,但是,想要彻底根治这一疾病还是非常难的。因此,我国全体居民都要注重这些疾病的预防,选择合理的生活方式。

2. 亚健康问题

亚健康可以说是当前我国居民所面临的一个重要的健康问题,这一问题非常普遍。对于体育教师而言,亚健康也是其不可忽视的一个心理问题。所谓的亚健康,就是在医学上,人们所表现出的症状主要有:疲乏无力、记忆力下降、学习困难、睡眠异常、情绪低落、社会交往困难等种种躯体或心理不适等,尽管专业的仪器检测是正常的,但这仍属于不健康的范畴,只是还没有达到疾病的标准。亚健康的类型是多种多样的,身体的亚健康,主要涉及睡眠、疲劳、疼痛以及身体各个机能等方面。

亚健康问题在我国中青年白领阶层中的存在是较为普遍的,在体育教师群体中这一问题同样存在。通常情况下,发达地区社会精英阶层的亚健康问题也非常严重,且发展态势逐渐加快。这就要求一定要积极采取有效措施来有效遏制这些情况,否则亚健康人群的晚年生活会非常令人担忧,亚健康问题已经成为当前社会迫切需要解决的重要问题。

据调查,导致亚健康状态的原因有很多,其中,不合理的饮食习惯和不健康的嗜好是主要的原因,除此之外,长期服用化学药物也是一个非常重要的原因。

二、体育教师的心理发展现状

总体而言,绝大部分体育教师的心理健康状况是良好的,不管是在平时的生活中,还是教学过程中,都能够以积极的精神状态投入其中。但是,仍然有一部分体育教师的心理健康状况存在着一些问题,需要加以解决。

(一)情绪问题

1. 抑郁

实际上,社会上存在抑郁情况的人还是非常多的,只不过,在症状上存在着轻重不等的情况,再加上人们对抑郁症的认识存在偏差,导致很多人即使存在抑郁的情况也不自知。在学校体育教学中,有一部分体育教师也存在抑郁这一心理问题,需要给予重视。

调查发现,我国的抑郁症患者呈现出不断增加的发展趋势,我国抑郁症患者大约有 3 000 万,且每年因抑郁自杀的人高达 20 万,有高达 80% 的人符合抑郁症诊断标准。

当前,社会节奏不断加快,竞争激烈程度也不断提升,这就带给人们更大的压力,进而诱发抑郁症的产生。因此,为保证体育教学活动的顺利开展,体育教师要控制抑郁情绪。

2. 情绪失衡

现代社会竞争异常激烈,在这样的压力下,人们容易出现情绪失衡的情况。在快节奏的社会进程中,在平时的体育教学中,体育教师往往面临着非常大的压力,这就会导致人们在情绪上出现失控、失衡的状况,并且这种状况越来越普遍,因此一定要给予重视。

(二)人际关系问题

体育教师的人际关系问题与其他学科的教师基本是相同的,主要表现在以下两个方面。

1. 人际关系不适

对于体育教师而言,他们在日常的教学、生活中,可能会与学生及同事发生一些人际关系不适的问题,对其发展产生一定的影响。出现这一情况时需要采取必要的手段与措施加以解决。

2. 个体心灵闭锁

大部分体育教师的工作时间或者生活时间都是在学校中度过的,这就导致其普遍存在着缺乏社会阅历和人际交往经验的问题,而且自身在人际交往中的不自信又不利于增加自身的人际魅力,这对于他们良好的人际交往圈的形成是非常不利的。

第三节 体育教师身体素质锻炼方法

从传统意义上来讲,人的身体素质主要指的是人体在各项活动中所表现出来的力量、速度、耐力、灵敏等各项身体机能水平。作为一名将来从事学校体育教学或者社区体育指导员职业的体育教育专业学生,尤其要重视身体素质的练习,这样才能更好地组织与开展体育教学活动。受篇幅所限,下面重点讲解促进力量素质、速度素质和耐力素质提高的方法。

一、力量素质练习

力量素质,即人体神经肌肉系统克服或对抗阻力的能力。人体肌肉力量的大小,相关的影响因素有很多种,其中,较为显著的有:神经系统的支配与控制能力、肌肉体积、肌肉初长度、肌肉收缩速度、肌纤维类型、肌肉弹性与牵张反射、生物力学与人体测量学及年龄、性别等。在进行力量素质练习时,一定要充分考虑这些因素。

（一）力量素质练习的手段

（1）负重抗阻练习。负重抗阻练习是指将杠铃、哑铃等作为运动工具,通过负重的手段达到练习肌肉的目的。这种练习手段的优势在于可以锻炼身体任何一个部位的肌肉,较为常用。

（2）对抗性练习。对抗性练习是指双方以对抗的形式进行顶、推、拉等动作,以进行肌肉锻炼。这种练习手段能激发运动者练习的乐趣,有效提高练习效率。

（3）克服弹性物体的练习。指将拉力器、橡皮带等作为练习工具,依靠弹性物体变形产生的阻力发展力量素质的练习手段。

（4）使用力量器械进行练习,运动员在使用专业的力量练习器材进行力量练习时,能够采用坐、卧、立等姿势,有针对性地发展自己所需要的肌肉力量,能够在很大程度上提升练习的效果。

（5）克服外部环境阻力的练习,是指将沙地、草地等地方作为力量练习场所的练习手段。

（6）克服自身体重的练习,这种练习是由四肢的远端支撑完成的练习,迫使机体局部承受体重,使机体局部部位的力量得到发展。如引体向上练习、倒立推起练习等都属于这一方式,经常参加这一练习能有效地增强自身力量素质。

（二）力量素质练习的注意事项

1. 练习安排要科学合理

力量素质的练习一定要科学合理,练习时要统一安排。相关研究发现,力量素质的增长速度与停止练习后消退的速度都是非常快的。因此,在经过一段时间的练习后,力量素质会得到明显的提升,但是同时,也不能忽视其逐渐消退的事实,这就要求要持续进行力量素质练习,使越来越多的力量素质能够持久保持下来。这里需要强调的是,力量练习不宜在疲劳的状态下进行,否则难以取得理想的练习效果。

2. 严格遵循全面性和重点发展的原则

不同的运动项目对技术动作的要求不同,因此,对身体各部位不同肌群的能力要求也不同,这就决定了运动者在进行力量素质练习时,要在保证全面性的同时,还要有所侧重,并且要与项目特点相结合,突出练习的重点。具体而言,力量素质的练习与发展,首先应该重点锻炼的部位为四肢、腰、腹、背、臀等部位的大肌肉群和主要肌肉,那些薄弱的小肌肉群的力量在此之后再进行练习和提升,需要强调的是,摆动的动力性练习是需要关注的重点练习内容之一,尤其是动作的振幅,一定要掌握好,这样才能获得良好的用力感和速度感,有效提升快速完成动作的能力。

3. 练习后要注重肌肉的放松

(1)力量素质练习需要一定的时间和过程,在练习的过程中,运动者需要拉长肌肉,使肌肉得到充分伸展,然后再使其收缩,需要注意的是,所做的动作幅度一定要大。

(2)力量素质练习结束后,肌肉会充血,很胀很硬。这时就需要放松肌肉,所用到的手段主要为按摩、抖动等一些与力量练习动作相反的拉长动作。如此能够加快疲劳消除的速度,促进机体的恢复。

4. 掌握并使用正确的呼吸方法

在力量素质习练中,掌握正确的呼吸方法是非常重要的。憋气具有积极的影响,主要表现在固定胸廓,提高腰背肌紧张程度方面,这有利于运动者力量素质的提高。因此,极限用力往往要在憋气的情况下才能进行。尽管如此,也不能忽视憋气的消极影响,即会引起胸廓内压力提高,使动脉的血液循环受阻,因而导致脑贫血,甚至会发生休克现象。

在力量素质练习过程中,需要注意以下事项。

(1)如果最大用力的时间很短,条件允许的情况下尽可能不憋气,特别是在重复做不是用力很大的练习时。

(2)注意在力量练习过程中要控制练习的极限和次极限用力的练习量,并学会在练习过程中完成呼吸。

(3)在完成力量素质练习前尽量不做最深的吸气。

二、速度素质练习

速度素质是指人体或某环节快速运动的能力，人体快速完成动作的能力、对外界信号刺激快速应答的能力以及快速位移的能力都属于速度素质的范畴。速度素质可以说是人的一种综合能力，在运动素质中，速度素质扮演着十分重要的角色。影响速度素质的因素有很多，如快速力量、爆发力及运动技术的合理性等，青少年在进行速度素质练习时一定要注意以上几个方面。

依据速度素质的表现形式来划分，可以将速度素质分为反应速度、动作速度和移动速度几个类型。除以上几个类型外，还存在着衔接瞬时速度等类型，即运动中各单一速度或个体速度之间转化、传递的快慢。它是由位移速度、动作速度、反应速度、器械运行速度、个体之间的配合等因素相互作用产生的综合效果，主要从动作环节间的衔接上得到体现，如跑跳衔接，跨跳结合，助跑与投掷出手的衔接，球类项目中的攻防转换、进攻衔接等，这一速度素质对于运动员取得理想的比赛成绩都具有重要的意义。

速度素质可以说是运动员的一种综合能力，其发展主要受先天遗传和后天练习等两方面因素的影响。总体上来看，影响人的速度素质或能力发展的因素主要有神经系统支配能力、肌纤维组成、能量系统供能能力、连续技术动作的合理性与协调性等多个方面。为提高自身的速度素质，体育教师可在平时多进行一些速度素质的练习。

（一）速度素质练习的手段

1.反应速度练习

反应速度主要有简单和复杂之分，不同的反应速度有其独特的练习方法。一般来说，反应速度练习主要包括简单反应速度和复杂反应速度练习两种。其中，简单反应速度练习有完整练习、分解练习、变换练习，以及运动感觉练习等练习方法。复杂反应速度练习主要有移动目标练习和选择动作练习两种。其中，移动目标练习主要分为四个阶段，即感知—判断—选择方案—完成动作。练习的过程中要对移动目标在位置、方向、速度、轨迹等方面的变化加以注意，并反复练习。另一种是选择动作练习,选择动作练习一定要结合运动者的具体实际进行。反应速度练习手段主要包括以下几种。

（1）变向起跑。背向蹲立,听到信号后迅速转体成蹲踞式起跑,冲跑 20～30 米。练习时要求转体动作迅速,起跑符合技术规范。

（2）动作反应练习。练习前告诉运动者要做蹲下、起立、手触地、跳起等动作。练习过程中,可任喊其中一个动作,要求运动员做出相对应的动作,在原地或是行进间进行。

（3）手抓网球练习。站立,持球手臂前平举,手心向下,然后手指张开使球自由下落,不等球落地再用手掌朝下抓住球。连续进行,左右手交替重复练习。

（4）左右跳＋高抬腿＋小碎步＋冲刺跑。如原地左右跳 8 次,接原地高抬腿跑 12 次,接碎步跑 5 秒,然后加速跑；或听口令转换动作。

（5）俯撑起跑接后蹬跑接冲刺跑。两手撑地,两腿伸直成俯卧姿势。听信号后迅速起跑,然后做快速后蹬跑 20 米,跑到标志线处,紧接着做冲刺跑 30 米。

2. 动作速度练习

动作速度是指人体或人体某一部分快速完成某一动作的能力。体育教师要想提升自身的动作速度能力,可以采用以下几个手段。

（1）完善技术练习。完整的技术由多个环节组成,在多个环节中总会有不足之处存在。为了解决这一现象,要求以各个专项的某些动作环节为依据进行分解练习。

（2）利用助力练习。通过减轻负荷,或者在人或自然条件的帮助下有意识地加快动作。

（3）利用后效作用练习。通过先负重较大阻力进行练习,激发、动员更多的运动单位参与工作,在神经肌肉系统留下痕迹效应,然后通过后效作用的利用,进行正常负重或较轻负荷练习。负重练习与动作练习之间的时间应尽可能缩短,从而使后效作用下降得到有效避免。

（4）加大难度练习,主要是指加大负荷和难度的练习。

3. 移动速度练习

（1）变速变向练习

三角移动：地上摆三个相距 5～10 米的标志物,成三角形,以各种步法在三角线上进行变速、变向的移动。

长短往返跑:摆 4 个标志物成一直线,相距 3~5 米,从第一个标志物起跑,依次触碰第二、第三、第四个标志物,并回到起点,往返练习。

摸球台移动:乒乓球运动员常用,可以利用一张球台的两个台角进行,也可以在两张球台间进行。听信号后,用各种步法移动往返触碰球台角。

后退跑+转身冲跑:背对前进方向,听信号后退约 20 米,见到标志物转身冲跑 20~30 米。

(2)重复跑和间歇跑练习

①速度性练习。以 85%~100% 的强度,进行 30~150 米的反复跑,间歇时间要充分,以速度没有明显下降为宜。

②速度耐力性练习。距离主要以 200~600 米段落为主,强度通常在 75%~90% 之间,间歇时脉搏下降到 120 次/分以下(20 次/10 秒),就可以开始下一次练习。

(二)速度素质练习的注意事项

1. 合理安排练习时间与顺序

速度素质练习要在人的良好精神状态下进行,这样才能保证理想的练习效果。如在练习课的前半部安排速度素质练习,这样能取得不错的练习效果。对于小周期的练习,周练习最好安排在大强度练习或调整性练习后的第一天进行。

在速度素质练习中,还要注意练习顺序的合理安排。一般情况下,速度练习应安排在力量练习之前,在具体的练习过程中,可以做一些快跑或跳跃动作的练习,后期再安排一些力量性练习,如此能取得理想的练习效果。

2. 速度练习应与专项相结合

体育教师在进行速度素质练习中,可以把所需的快速动作能力与具体项目的特有表现形式结合起来,根据项目特点和技术动作的要求加强感受器与运动器官一致性的练习。如短跑的反应速度练习;体操的速度素质练习等。这样有利于取得理想的练习效果。

3. 突出以爆发力为主的快速力量

速度可以说是人体爆发力素质在具体运动中的体现。作为一种极端的快速力量形式,爆发力在其中扮演着十分重要的角色。从运动生物力学的观点看,力量与速度都会对爆发力产生重要的影响。体育教师要在平时的运动练习中加强爆发力练习,努力提高自己的快速力量。

4. 注意个人情况和练习安全

(1) 个人情况与练习相结合

速度素质练习的安排一定要科学合理,除了遵循一定的练习原则之外,还要结合自身的特点和运动基础进行。值得特别注意的是,在速度素质练习之间要保证身体疲劳的完全恢复,练习的过程中要重视动作的准确性与规范性,按部就班地进行练习。

(2) 保证运动练习环境的安全

为保证速度素质练习的效果,体育教师还需要注意运动练习环境的安全。如果在练习过程中,不注意力量以及动作幅度、动作频率等的限度,就容易导致运动损伤。因此,体育教师在参加速度素质练习时尤其要注意练习环境的安全性。

①做好充分的准备活动

在进行速度素质练习前要进行充分的准备活动,如果准备活动不充分,会引起人体肌肉放松能力下降,容易导致运动损伤。因此,体育教师在进行速度素质练习前一定要做好专门的准备活动。

②结合练习时间和天气情况进行练习

在进行速度素质练习时,如果在早上安排练习,尽可能不要安排大强度的练习。体育教师在参加速度练习的过程中,如果肌肉出现酸痛或其他不适感,就需要停止练习做必要的检查。

在气温较低的天气环境下参加运动练习时,除了注意做好充分的准备活动外,还要注意选择合适的服装,尽量穿透气、宽大的运动服。

③采用按摩、放松等练习手段

放松练习和按摩是促进运动员体能恢复的重要手段,在按摩时可以擦一些有利于促进血液循环的药品,这样才能保证运动的安全。

三、耐力素质练习

耐力素质,是指运动者在较长时间的运动中对疲劳予以克服和维持身体良好运动状况的能力。耐力素质对于很多运动项目来说都非常重要,只有运动者具备足够的耐力素质,才能在竞技比拼中占据优势。而在身体的五大素质中,任何一种素质的发挥都与其他素质产生一些关联,耐力素质也是如此。与耐力素质关联度最大的是力量素质与速度素质,两者相结合后,就产生了更加细致化的耐力,即力量耐力和速度耐力。

疲劳的种类很多,除了人们最为熟知的机体疲劳外,还有精神、情感、感觉等疲劳。对于经常参加运动锻炼的人来说,机体疲劳和精神疲劳是最为显著的,这与他们经常参加运动锻炼有关。反过来说,如果运动锻炼没有让运动者产生疲劳感,那么,其机体素质的提升效果是不明显的。但参加了具有一定强度的运动且感到疲劳后,疲劳又会对机体运动能力造成阻碍,运动时间随之减少,疲劳此时显然是拖累了运动。正因如此,运动者就要在日常练习中安排许多与提升耐力素质有关的练习项目,以此尽量克服疲劳对运动能力的影响。

(一)耐力素质练习的手段

1. 有氧耐力练习手段

(1)定时走。在场地、公路或其他自然环境中按规定时间做自然走或稍快些的自然走。一般走30分钟左右。

(2)5分钟运球跑。篮球场内,以单手或双手交替运球跑动5分钟。要求不间断进行,或要求一定距离。

(3)登山游戏或比赛。在山脚下听口令起动,规定山上终点的标记,可以自选路线登山或规定路线登山,可进行登山比赛或途中安排些游戏,如埋些"地雷",规定各队要找出几个"地雷"后集体到达终点,早者为胜等。

(4)长时间划船、滑雪、滑冰。连续不间断地进行20分钟以上的划船、滑雪及滑冰活动。

2. 无氧耐力练习手段

(1)球场往返跑

练习者在篮球场端线准备,开始后快速跑到对面端线后折返。练习为4~6组,每组往返4~6次。练习强度设置为60%~70%最大摄氧量。

(2)连续侧滑步跑

身体侧对前进方向做侧向滑步跑,距离设置为100~150米。练习安排为5~6组,每组间隔时间设置为3~5分钟,练习强度设置为60%~70%最大摄氧量,练习中的心率应达到160次/分钟。

(3)综合跑

做多种方向的跑。练习安排为3~5组,每组安排一种跑步方式,跑动距离为50~100米,每组间隔时间设置为3~5分钟,练习强度设置为60%~70%最大摄氧量。

(4)往返运球跑

练习者在篮球场一端线外持球准备,练习开始后运球跑至另一端线后折返,折返段以另一手运球,往返6次为一组,练习安排4~6组,每组间隔时间设置为2分钟。练习强度设置为60%~75%最大摄氧量。

(5)往返运球投篮

练习者在篮球场一端线外持球准备,练习开始后运球跑至另一半场的篮筐下投篮,投中后再运球折返投篮。练习安排为4~6组,每组往返4次,每组间隔时间设置为3分钟,练习强度设置为55%~60%最大摄氧量。

(6)运球绕障碍

在篮球场中摆放障碍物若干,障碍物彼此间的距离为2米。开始后练习者做快速运球绕障碍物往返跑。练习安排为3~5组,每组3~5次,每组间隔时间设置为5分钟。要求运球过程中不得触碰障碍物。

(7)全场跑动传接球

两人一球,在场地端线外准备。开始后两人互相传球跑向另一端线,然后折返。练习安排为4~6组,每组往返4次,每组间隔时间设置为8~10分钟,练习强度设置为60%~70%最大摄氧量。每组间隔中当练习者的心率降至100次/分钟以下后再开始下一组练习。

(8)跳绳跑

单摇跳绳跑200米,安排5~8次,每次间隔时间设置为5分钟。练习强度设置为60%~70%最大摄氧量。每组间隔中当练习者的心率降至120次/分钟以下后再开始下一次练习。练习结束时心率达160次/分钟。

(9)跳绳接力跑

将练习者分为两队,相距100米,做往返跳绳接力跑。练习安排为

4～6组,每组往返4次,每组间隔时间设置为5分钟,练习强度设置为60%～65%最大摄氧量。

（10）双脚或两脚交替跳藤圈

练习者手握藤圈,做原地双脚跳藤圈练习。练习安排为4～5组,每组50～60次,每组间隔时间设置为3分钟。练习强度设置为50%～60%最大摄氧量。

（二）耐力素质练习的注意事项

1. 应严格遵循练习原则进行练习

体育教师在参加耐力素质练习时,要严格遵循以下基本原则。

（1）时机性原则。不论是一般耐力素质练习还是专项耐力素质练习,其开展都要掌握适当的时机。

（2）周期性原则。耐力素质练习应呈现出周期性特点,且其中的周期要确保是在科学的指导下安排的。

（3）一致性和协调性原则。耐力素质练习要与之所需求的运动成绩拥有统一的目标,两者要实现协调共促。

（4）针对性和持续性原则。耐力素质练习对于运动员来说要有一定的针对性,且这种练习必须是连贯进行的,任何中途的暂停与缺失都难以维持耐力素质的稳步上涨。

（5）循序渐进原则。练习负荷要从小到大逐渐增加,这是提升练习安全性所要求的。

2. 注重意志品质的培养

大部分的耐力素质练习手段都是枯燥和单一的,难以调动运动者锻炼的兴趣,但这项练习又是不能缺少和忽视的。为此,可以培养体育教师的意志品质,提升他们的心理内驱力,坚定他们坚持参加锻炼的信念。

3. 关注练习中正确的呼吸节奏

在耐力素质练习中,机体需要大量的氧供应,这对呼吸系统机能是一个较大的考验。为此,正确的呼吸节奏就成为提升耐力练习质量的关键。加快的呼吸频率和加大的呼吸深度能够给机体带来更多的氧,以此来补充机体在大负荷练习中逐渐造成的氧债。为此,在练习中要关注运动员者的呼吸节奏,提高呼吸的效率,促进机体水平的提高。

4. 尽量将有氧和无氧耐力练习相结合

有氧与无氧耐力练习之间的关系非常紧密。有氧耐力是提升无氧耐力的基础,对有氧耐力进行练习后可改善心脏功能,以此促进无氧耐力的发展。而为了发展有氧耐力,过程中安排一定的无氧耐力练习也是必要的,这可在一定程度上改善运动员的呼吸能力和循环系统功能。鉴于此,在耐力素质练习中要注意将有氧和无氧耐力练习相结合,依据体育教师的个人实际合理安排运动负荷。

第四节 体育教师健康心理的培养与完善

拥有健康的心理对于将来走上体育教师或社会体育指导员岗位的体育教育专业学生而言是十分重要的。尤其是在全民健身背景下,应将其心理素质的培养作为重点内容。只有如此,才能在现实生活或训练中保持冷静的心态,及时处理一些突发事故,保证运动锻炼的顺利进行。

一、影响心理健康的因素分析

(一)生物遗传因素和生理发展的影响

影响人的心理健康的因素主要有以下几个方面。

1. 遗传因素

人的个体性特征与遗传因素有着十分密切的关系。其遗传因素主要涉及机体的构造、形态、感官和神经系统等方面的解剖生理特征,除此之外,个人的能力与性格的某些成分也都在很大程度上受到遗传因素的影响。

2. 感染因素

人们在平时的生活中会受到各种细菌、病毒感染的风险,如此一来,就会对个人的身体造成影响,尤其会使非常重要的大脑受到损害,进而造成器质性障碍或精神失常,从而影响到心理健康的发展。

3. 大脑外伤

大脑的外伤主要是指物理性损伤、机械伤等。其中,较为常见的如产伤或窒息引起的脑乏氧。这些都会对大脑造成损害,进而造成心理发育异常。

4. 化学性损伤

人体在日常生活中,也会遇到某些体外毒性化学物质侵入体内的情况,比如,化学药物中毒、酒精中毒、铅中毒、食物中毒、煤气中毒等,这些化学性损伤都会导致人体意识和精神障碍,这非常不利于人的心理健康发展。

5. 内分泌功能障碍

人体内分泌功能障碍的情况有很多,比如常见的甲状腺功能低下或甲状腺功能亢进等,这些都可造成智能低下及心理障碍,不利于心理健康的维持。

6. 脑器质与功能性障碍

脑器质与功能性障碍主要是指脑血栓、脑出血、脑梗塞后遗症等这些状况,它们都会引发智力低下、幼稚、记忆力减退、人格改变、易激惹、脾气暴躁等情况的发生,进而导致人的整个心理过程都发生相应的改变。

(二)心理、社会因素的影响

影响人心理健康的因素还包括心理和社会方面的因素。

1. 早期教育与家庭环境

社会是由多方面因素组合而成的,家庭只是其中的一个组成单位,具体来说,其是以血缘为纽带的社会生活的基本单位,是社会的缩影。社会对体育教师所造成的影响,通常都是以社会意识形态、社会生产方式和各种社会关系的形式,以家庭为媒介而产生的。

2. 生活事件与社会环境变迁

大量的实践表明,社会生活的变动会对人们产生影响,这种影响可以是积极的,也可以是消极的,但是,都能从心理层面产生应激反应。这对于体育教师也是如此。究其原因,主要是由于当个体遇到众多生活事件后,其心理应激水平就会增加,进而对个体的生理反应和心理平衡产生影响,由此,就会影响到个体的躯体和心理健康。

3. 心理冲突

人处于社会生活中,时时处处都会面临着各种各样的选择,但是当一个人作出选择时,却往往会面临冲突的情景,即确定一个选择的同时就需要放弃另一个选择。因此,心理冲突的产生似乎是一种必然。一个人如果长期处于某种心理冲突状态中,他的身体和心理健康所受到的影响往往就是消极的。

4. 特殊的人格特征

每个人作为一个特殊的个体,其在包含人格特征在内的各个方面都体现出特有的特殊性特点,这也会严重影响到人的心理健康,是心理障碍或精神失常产生的一个重要病前因素。

二、体育教师健康心理培养的基本原则

(一)差异性原则

每一个人都有自己的个性和特点,因此心理素质的培育也要遵循这些个性和特点,严格遵循差异性的原则对其进行培养,这样才能有效提升体育教师的心理健康水平。具体而言,就是要以体育教师的心理发展特点和规律为依据制定心理健康教育方案,从而促进体育教师心理素质的提高。

(二)主体性原则

主体性原则也就是以人为本原则,这一原则要求体育教师在教学过程中要善于激发学生学习的积极性,提高学生学习的兴趣,加强师生彼此间的沟通与交流,满足学生的各种心理需求,培养和提高学生的心理健康意识,这样才有利于实现心理健康教育的目标。

(三)系统性原则

对于体育教师而言,心理健康教育并不是一件简单的事情,它是一

项大的系统工程,在体育教师的发展中扮演着十分重要的角色。要想实现青少年心理健康教育的目标,教师和学生要密切配合,更新教育观念,优化心理健康教育的环境,建立一个健全合理的育人体制。总之,在心理健康教育的过程中要严格遵循系统性的基本原则,促进学生心理健康水平的提高。

(四)目标性原则

心理健康教育是学校教育的一项重要内容,加强青少年的心理健康教育是尤为必要的。只有具备健全心理的青少年才能获得健康全面的发展。一般来说,青少年的心理健康教育主要包括人生观与价值观教育、人格培养、意志力培养等多方面的内容。在具体的教学过程中,要以以上内容为基本目标。

三、体育教师健康心理培养的手段

(一)妥善处理生活事件与心理压力

每个人在日常生活中都会有大大小小的麻烦事,在现代社会中,不管是学习还是工作方面都有一定的压力,这些对于体育教师来说也不例外,因此,要培养体育教师的健康心理,妥善处理这些问题。

1. 要树立正确的人生观和世界观

对于任何人而言,只要拥有了正确的人生观和世界观,就能在遵循正确原则的基础上来充分了解和认识社会、人生以及世界上的各种事物,并能采取适度的态度和行为反应,还能做到冷静而稳妥地处理问题,使人心胸开阔,保持乐观主义精神,提高对心理冲突和挫折的承受能力,从而避免各种心理问题。

2. 加强身体素质的锻炼

身体素质是体育教师从事体育教学和日常运动锻炼的重要前提,因此,做好身体素质的锻炼至关重要,特别是劳动锻炼和体育锻炼。因为良好的身体素质是心理健康的重要基础。

第五章　全民健身背景下体育教师身心素质的培养与提升

3. 加强心理素质的锻炼

在建立了良好的身体素质的基础上,就需要进一步加强心理素质的锻炼。

(1)培养良好的个性心理素质。如坚强而有"弹性"的性格;坚韧不拔的意志,乐观稳定的情绪;自信、自尊、自强、自制和耐挫折、抗压力的良好心理品质。

(2)采取有效措施来防治和及时克服不良个性心理。

4. 建立健康的生活方式

所谓健康的生活方式,主要包含良好的生活习惯、行为方式、作息制度等,这些对于体育教师保持情绪稳定、精神饱满是非常有帮助的。

5. 加强自我意识的教育

体育教师对自己的评价往往缺乏客观性,这就需要通过各种教育活动,使其能够客观评价自己,恰当地树立自己追求的目标,并通过努力最终实现这一目标。在获得成功的过程中,体育教师的自身价值也会得到体现,自信心得到进一步的巩固和增强,这就进一步优化了自己的心理机能,为实现下一步的目标奠定坚实的基础。

6. 学会和掌握应用心理防护技巧

(1)培养良好的自我意识。就是要求体育教师要对自己有正确的认识,并能客观评价自己,防止陷入认识的"误区"。

(2)善于进行自我调节和控制。在缓解心理矛盾冲突以及消解外部不良刺激方面要学习一些技巧,并具备相关的能力。

(3)学会情绪的自我调控。在平时的教学工作和生活中,体育教师要能理智地、巧妙地处理好人际关系,以保持心情舒畅地进行体育教学活动。

(4)学会寻求正确的心理平衡点。学会追求"内在的自由",同时,还要做好充分的准备来面对现实社会和生活挫折,从而获得心理平衡。

(二)提高挫折耐受力并做好自我心理调节

在平时的工作和生活中,体育教师要提高对待挫折的耐受力,做好自身的心理调节,可以采取以下手段。

1. 升华

对那些不被社会所允许接纳的动机和行为进行调整,使其发生改变,树立崇高的目标。

2. 合理化

当人的动机和行为不被社会所允许接纳时,为了使那些因挫折所产生的紧张和焦虑有所减轻,并维护个人自尊,体育教师总要对自己的所做所为给予开脱。"合理"辩解,自圆其说,就体现出了合理化的特点。

3. 否认

否认是否定已发生的不愉快的事情,认为它根本没有发生过,从而逃避心理上的刺激和痛苦。需要强调的是,否认并不是把痛苦的事情有目的地忘掉,而是通过心理上否定来保持心理平衡。

4. 退化

所谓的退化,就是人们遇到挫折需要处理时,往往用到的不是成人的成熟方式,而是用幼稚的方式去应付处境和问题,或用以满足自己的欲望。

5. 幻想

幻想,就是空想,是不切实际的,具体来说,就是通过想象的方式满足现实生活中不可能得到满足的欲望,使自我的冲动得到允许的出路,不至于造成对自己过分的威胁和压力。

6. 反问

所谓的反问,就是将某些欲望和行为以截然相反的态度或行为表现出来,从而将自己的本质掩盖掉,以减轻挫折感。

7. 压抑

压抑,是心理过程的一个方面。对于此,要求体育教师应该学会把不被社会所接纳的念头、情感等在其尚未被觉察时压抑在潜意识层,或把痛苦的记忆主动忘掉,排除在记忆之外,从而避免心理问题。

8. 投射

投射,就是将自己所不喜欢或不能接受的性格、态度、意念、欲望,转移到外部世界或他人身上,从而转移或减轻自身的错误。

(三)心理咨询和心理治疗

1. 心理咨询

(1)心理咨询的概念

心理咨询是指咨询者通过心理学方法和原理的运用,来为求访者发现自己的问题和根源提供帮助,从而挖掘来访者本身的潜在能力。也可以将其理解为:通过对原有的认知结构和行为模式的改变,来达到提高对生活的适应和调节周围环境的能力的目的。

(2)心理咨询的内容

心理咨询的内容有两个方面。

一方面,发展性咨询。咨询的侧重点在于心理保健、情绪调节、潜能开发等方面。

另一方面,障碍性咨询。咨询的侧重点在于对有一定心理障碍、心理疾病、心身疾病的人进行帮助。

(3)心理咨询的方式

对于广大的体育教师而言,能够开展的心理咨询所用到的方式有以下几种。

①门诊心理咨询

在各大综合性医院、精神卫生中心、卫生保健部门和高校已纷纷设立心理门诊。这种方式的优势是能够面对面接待来访者并进行交谈,咨询的深入程度较高,所取得的咨询效果也较为理想。

②信函咨询

信函开诊通常是针对外地要求心理咨询或本地要求咨询者出于暂时保密或试探心理来采用的咨询方式。这种方式具有一定的缺陷,即只能对情况有初步了解,或对较简单的问题进行咨询,如果是一些较严重的心理障碍,还是推荐门诊咨询。

③电话心理咨询

这种咨询方式主要针对那些处于急性情绪危象,濒于精神崩溃或企图自杀的人,以及那些不想暴露自己的人。

④专题心理咨询

这种方式主要针对公众关心的心理问题,在高校、电台、电视台或报刊、杂志上进行专题讲座或讨论、答疑。对于体育教师来说，不仅要提高对心理咨询的科学认识，还要及时地通过自己有意识的主观意志，控制机体生理病理机能活动，达到心身平衡和治病健身的心理治疗方法。从根本上来说，自律练习法就是一种"自我暗示""自我催眠"。这种方法与气功有异曲同工之妙，在身心疾病及神经症的治疗上有着显著的疗效。

2. 生物反馈疗法

通过自己特殊的心理意念和自我意志控制，对人体的诸多生理机能活动产生能动性的控制作用。

3. 气功

气功是我国一项历史悠久的健身治病疗法，发展并沿用至今，这种治疗方法具有简便有效、适用广泛等显著特点。

第六章 全民健身背景下体育教师知识素质的培养与提升

在全民健身背景下,参与运动健身的人们需要科学理论知识的指导,如此才能提高运动锻炼的有效性。在当今社会条件下,培养一大批社会体育指导员是非常重要的。知识素养可以说是体育教师或者社会体育指导员全面素养培养中的重要内容之一,体育教师能否培养出德、智、体、美全面发展的学生,与其自身所具备的知识素质有很大的关系。体育教育的深入改革、知识的不断更新及全民健身事业的发展都要求体育教师不断学习与补充新的知识和技能,完善自己的知识结构,提高自己的知识素养,从而不断适应社会和教育的需要。本章主要在全民健身背景下探讨体育教师知识素质的培养与提升,主要内容包括体育教师对基本理论知识、专业理论知识以及应用类知识的学习。

第一节 基本理论知识的学习

在全民健身背景下,体育教师除了具备教育学知识、心理学知识、教育心理学知识、运动人体科学知识、体育人文社会学知识外,还应掌握体育科学健身知识。本节就重点阐述将来从事体育教师或社会体育指导员岗位的人才应具备的基本理论知识。只有如此,才能在全民健身背景下为人们参与健身提供良好的指导。

一、教育学知识

（一）教育

1. 教育的概念

（1）广义层面

从广义层面上来看，人们在社会、家庭、学校等所有场所受到的一切有目的的影响都属于教育的范畴。

（2）狭义层面

从狭义层面上来看，教育特指学校教育，可以界定为教育工作者根据社会要求而有目的、有组织、有计划地开展学校教育工作，从而积极影响广大学生的身心素质，使学生身心朝着积极方向变化和发展的社会活动。

2. 教育的要素

教育是有目的的社会实践活动，主要活动目的是培养优秀的人。在社会复杂系统中，教育作为其中一个子系统具有相对独立性，其基本要素包括教育者、受教育者和教育影响。

（1）教育者

教育者指的是从思想品德、知识与技能等方面积极影响学习者，发挥重要影响与作用的人。教育者是教学活动的主体。

（2）受教育者

在教育活动中，受教育者是非常重要的组成要素，是教育者开展教育活动的目标对象。狭义的受教育者专指学校的学生，是学习活动的主体，具有主体性、能动性、发展性和可塑性等特征。受教育者对教育活动的效果具有重要影响。

（3）教育影响

介于教学主体与学习主体二者之间的所有"中介"的总和就是所谓的教育影响。教育者面向受教育者而选择的教育内容、采用的教育方法以及这些内容和方法对受教育者产生的作用与影响都属于教育影响的范畴。

（二）教材

1. 教材的概念

教材和我们平时所说的"教科书""课本"是一个概念，都是指教学用书，是学科教学内容的载体。教材的编写是以课程标准和学生接受能力为依据的，而课程标准与学生的可接受性是一致的，这必须从教材的广度和深度中体现出来。教师的教学活动和学生的学习活动都要参考教材来完成，教材具有教、学的统一性。

2. 教材的编写

在课程改革中，教材编写是非常重要的一项工作。现代课程改革要求编写与现代课程理念相符的教材。随着现代课程改革思想的丰富和课程理念的多元化发展，教材编写的多样化特征也渐渐形成。教材编写的要求随着课程理念的多元化发展而越来越严格。课程改革必然带来教材的改革，从而提出了从"教程"式编写向"学程"式编写转变的编写要求。在现代课程理念下，强调"学程"式教材的重要性，因此在教材编写中要立足学生实际情况和真实需要而进行编写，要对教材与学生之间的内在关联予以重视，要在教材中体现学生的主体地位，便于学生主体作用的发挥。具体来说，在新课程理念下，教材的编写要满足如下要求。

（1）形式要求

随着教材的不断改革与创新，教材的编写形式与传统编写形式相比发生了明显的变化。传统教材编写中对"书"的编制主要采用文字符号，而现代教材编写突破了这一局限，采用现代教育技术打造幻灯片、软件、录像等全新教材，形式越来越灵活、丰富。

除了变化、多元和新颖之外，现代教材编写在形式上还要求与教育学、美学、心理学等相关学科的要求相符，并对学生的学习有利。

（2）内容要求

教材编写在内容方面的要求首先是要体现出时代性，要对科技发展、教育技术的发展予以关注，内容要与时俱进，不断更新。

教材编写在内容方面还提出了价值要求，即教材内容要具有激发学生学习动机、培养学生健康情感、启发学生智力等促进学生发展的价值。

教材编写在内容方面还有一个关于内容层次的要求,即层次分明地阐述内容。

（3）文字要求

教材编写在文字方面要满足以下要求。

第一,文字表述准确、简练、流畅、生动。

第二,字体大小合适,图表清晰。

第三,标题、结论醒目,所以要用不同的字体或符号标出来。

第四,篇幅有详有略,详略安排得当。

第五,封面美观、大方。

(三)教学工作

教学工作是一个复杂系统,由许多不同的因素和环节组成,主要环节分析如下。

1. 备课

备课是教学过程的第一环节,教师在备课环节要特别注意对教材的钻研、对学生的了解以及对教法的选择,具体要做到下列几方面的要求。

第一,对教材非常熟悉,实现使教材知识成为自己知识的转化。

第二,对教材和课程标准深入进行钻研,将教学目的、教学要求和教学重点掌握清楚,从中树立正确的教学思想。

第三,对教学目的、教学内容和教学对象的内在联系有正确的认识和把握,选用适当的教学方法使学生能顺利接受教学内容,培养学生智力,从而使预期的教学目的顺利实现。

2. 上课

在整个教学系统中,上课是中心环节。教师从课程标准的相关要求出发,将教材内容作为主要参考资料,将教材中的科学文化知识系统地传授给学生,从而促进学生体质增强、智力发展、思想道德水平提高,这个活动过程就是上课。上课具有组织性、计划性、领导性和目的性。要促进教学质量的提高,课堂教学是关键,因此要利用好课堂时间来努力提高课堂教学效率和质量,在课堂教学中要注意以下几项要求。

（1）明确课堂教学目标。
（2）精选课堂教学内容。
（3）优选课堂教学方法。
（4）师生双方相互配合。
（5）加强课堂纪律管理等。

3. 布置和批改作业

布置和批改作业是上课的补充和继续。在课堂教学结尾，教师要给学生布置课外作业，并定期收回进行批改，这也是教学过程的重要环节，是教师的一项主要教学工作。

4. 课外辅导和答疑

课外辅导和答疑也是课堂教学的补充。课堂教学时间有限，而且学生的学习能力和接受能力有差异，让所有学生在课堂上都完全掌握教学内容有一定的难度，所以教师要利用课余时间针对个别学生进行辅导，帮助学生解答疑问。学生要有自主学习的意识，及时总结自己的疑惑和问题，利用课余时间主动找老师答疑。教师也要认真了解全体学生的学习情况，判断哪些内容是个别学生没有掌握的，哪些是学生普遍没有充分掌握的，个别性问题课后个别辅导，集体性问题可以在下节课上集中讲解。

5. 成绩检查和评定

经过一段时期的教学后，教师要了解学生对教学内容的掌握情况，可采取一定的方式来检查学生的成绩，最常见的方式是考试和日常考查。对检查结果进行价值判断就是评定。成绩检查和评定是非常重要的教学工作，在教学系统中是不可缺少的一项环节。

二、运动人体科学基础知识

（一）运动系统

人体重量中运动系统所占的比例达60%～70%。运动系统具有运动功能、支持和保护功能等重要功能。骨、骨连结和骨骼肌是运动系统的三个组成部分，下面进行简要阐述。

1. 骨

作为运动系统重要组成部分之一的骨,在其生长中会受到诸多因素的影响,如遗传、激素、心理等内在因素,营养、锻炼、环境、经济等外在因素。骨的生长与发展离不开适宜的运动,长期坚持科学的运动锻炼有助于优化骨骼的形态结构,使骨量保持在适宜范围,增加骨的坚固度,并使骨密质发生积极变化。要注意参与多样化的运动锻炼,如果长时间只参加一个项目,容易造成骨骼结构的畸形。

2. 骨连结

骨连结是骨与骨之间依靠结缔组织形成的连结,连结面上腔隙明显。一般情况下,关节指的是能活动的骨连结,它是骨连结中的一种间接连结形式。

3. 骨骼肌

附着在骨骼上的肌肉就是骨骼肌。正常情况下,机体在中枢神经系统的控制下完成肌肉活动,肌肉活动的实现形式主要表现为肌肉收缩和肌肉舒张。人体运动神经以冲动的形式对肌肉施加刺激,从而发生肌肉收缩。组成肌肉的肌细胞(肌纤维)是成束排列的,从外形来看呈长圆柱形,肌细胞既是肌肉结构的基本单位,也是实现肌肉功能的必要组织。

(二)心血管系统

心血管系统是一个管道系统,具有封闭性。组成心血管系统的血管是血液的运输管道,组成心血管系统的心脏是人体的动力器官。在心血管系统中,血液向一个方向流动,具有周而复始的循环性和不间断性特征,这就是血液循环。血液循环是依靠心脏有节律性地收缩与舒张而实现的。

从生理学视角来看,机体生存必然离不开血液循环这个生理机能。血液的全部机能都是通过血液循环而实现的。血液循环也是对血量分配进行调整的主要方式,以满足机体组织和器官的运动需要。机体内环境的相对恒定和正常的新陈代谢都依赖于血液循环。机体生命活动将随着血液循环的停止而结束。

（三）身体素质

一般来说，人体由中枢神经系统控制肌肉活动，肌肉在运动神经系统的刺激下收缩，这是人体所有随意运动的动力来源。肌肉活动中表现出来的机能能力如力量、速度、耐力、柔韧、灵敏等是身体素质的主要构成部分。人体运动能力的好坏一定程度上是由身体素质的好坏所决定的。在身体素质的主要构成因素中，力量素质是最为基础的部分，对其他素质的发展有很大的影响。

在我们的日常学习、生活、工作及劳动中常常伴随着身体素质的展现和发挥，体育锻炼中更是离不开各种身体素质。影响身体素质的因素中既有先天遗传因素，也有后天的运动锻炼、营养等因素，而且后天因素的影响更重要。人体身体素质能够通过科学而系统的运动锻炼得到有效的提升。身体素质的个体差异比较明显，不同年龄、性别的人身体素质有差异，同一人在不同生长发育阶段和不同环境下也会表现出不同的身体素质特征。身体素质的变化主要有自然增长、训练增长以及自然减退三种形式。下面简单分析这三种变化形式。

生长发育旺盛的儿童少年，其身体器官和系统的结构、功能随着生长发育而渐渐成熟与完善，与此同时身体素质也随年龄增长而增长，这就是身体素质的自然增长。

人体生长发育达到完全成熟的程度时，身体器官和系统的机能便随着年龄的增长而下降，同时身体素质也随机能的衰退而降低。

肌肉练习有助于使中老年人身体素质的自然衰退速度得到一定程度的延缓，能促进生长发育期的青少年身体素质的快速提升，但要注意练习内容的丰富性和练习形式的多样性，而且要遵循生长发育的规律和身体素质的发展规律。青少年儿童要通过运动锻炼而提升身体素质，就要抓住各项身体素质发育的敏感期，在最佳时机进行具有针对性的锻炼和培养，提高练习效果。成年人进行身体素质锻炼，要注意个体差异，量力而行，要在保持现有身体素质水平的基础上促进增长，如果身体机能处于衰退期，那么要通过锻炼努力延缓身体素质的衰退过程。

三、体育科学健身知识

在全民健身背景下，体育教师为社会体育、大众体育服务的职能越来越重要。体育教师要扮演好社会体育组织者和指导者的角色,就要掌握体育科学健身的相关知识,这不仅有助于体育教师对社会体育健身人员进行科学指导,还有助于体育教师带领学生进行科学的运动锻炼,从而使学生、社会体育健身者通过科学锻炼而达到增强体质的目标。下面简要分析体育教师需要重点掌握的体育科学健身知识。

(一)科学运动处方

运动处方包含运动形式、运动强度、运动时间等内容。科学运动指的是基于对人体生长变化规律及体质状况的充分了解而对运动处方的各项内容进行合理安排,从而在科学处方的指导下进行身体练习活动的过程。运动对人体健康的影响是双面的,关键取决于运动是否科学、合理,只有科学合理的运动才能增进健康,相反,违背科学规律的不合理运动不仅对健康无益,还会给身心带来危害。因此,人要保持身体健康,要改善体质,就必须参加科学合理的运动锻炼。

从机体代谢的角度,可以将运动形式划分为有氧代谢运动、无氧代谢运动和混合代谢运动。要通过运动达到增强体质的目的,就要参加有氧代谢运动,如散步、快步走、慢跑、游泳、骑自行车、健身舞等。这类运动的特点是强度较低、持续较长时间,而且具有节奏性。在强身健体的运动动机下参与有氧健身运动,要达到每周锻炼三五次,每次半小时到一小时的要求,保持这样的强度才能促进心肺功能的增强和改善,促进骨骼健康,对身心状态进行调节,提高身心健康水平。

在有氧运动健身活动中,要合理选择与安排运动时间,一般来说傍晚是比较好的选择。如果是晨练,运动强度不宜太大。运动锻炼的时间和饮食时间不能间隔太短,通常建议餐后两小时再做运动,而且运动结束后至少隔半小时到一小时再进餐。每周三五次有氧运动应该控制在中等强度,每次至少半小时。这些是进行有氧运动锻炼的一般要求,身体健康者可按该要求来制定与实施运动处方,身体异常者根据实际情况而调整。要做到因人而异,不必苛求统一。

(二)健身中的常见症状与处理

在学校体育活动和大众健身活动中,学生和大众健身者都可能会遇到身体异常的状况,当感到身体不适时,是继续锻炼还是暂停处理,该如何处理,以后如何预防,等等,体育教师(兼任社会体育指导员)要回答和处理这些问题,就必须掌握运动的基本原理和运动中常见症状的处理方式。只有及时有效地处理学校体育活动和大众健身活动中活动主体的不适症状,才能保障他们的安全,确保运动的有效性。下面简要分析健身运动中常见的不适症状、产生原因及处理方式。

1. 跑步时腹部绞痛:血液含氧量不足

运动时感觉肚子疼,排除特殊原因后,医学上一般将此称为"横膈膜抽筋",常发生在跑步运动中。主要原因是血液含氧量不足、核心肌群无力。呼吸不顺畅、饭后立即运动,甚至缺水,也可能造成短暂性腹痛。通常腹痛发生时间短暂,腹痛时建议立即停止运动,进行缓慢且深长的呼吸,并用掌心轻柔按摩疼痛部位,横膈膜放松,以缓解疼痛。

要预防运动腹痛,需要日常加强腹部肌群锻炼,提升核心力量,并在跑步前做适度的伸展热身。建议餐后待食物完全消化后再运动,从而降低腹痛发生率。

2. 跑步途中感觉天旋地转:吃得不够或换气方式错误

运动时血糖慢慢下降,在脂肪酸尚未变成能量时,就会出现头晕现象,尤其是糖尿病患者,血糖调控不稳定,所以运动前一定要吃点东西。此外,跑步时憋气会形成屏气现象,此时内脏压力上升,血压飙高,静脉回流变差,会出现头晕症状。跑步时,建议采用三步一吸、三步一呼的方式,这样能有效避免头晕症状。

3. 重量训练时肌肉发抖:肌肉已疲劳

重量锻炼者普遍有肌肉颤抖的问题,常发生于手部和腹部。这是肌肉疲劳发出的信号。建议在重量训练时,合理安排间歇时间。如果肌肉开始发抖,就应停止运动。若勉强继续做,可能会导致肌肉受伤,恢复时间较长。

4. 跳有氧舞蹈时小腿抽筋:电解质不平衡、血液循环差

跳有氧舞蹈时小腿抽筋,常见的原因是缺乏必要的热身、身体电解质不平衡。血液循环较差的人也常常出现这个问题。在跳健身操舞时如果小腿抽筋、关节作响,建议立即停止运动,补充水分与电解质饮料,轻轻按摩抽筋部位,不要硬扳。

第二节 专业理论知识的学习

人们在参加体育运动健身的过程中需要专业的理论作指导,这些专业理论知识主要包括体育教学理论、运动训练理论以及各运动项目理论等方面的知识。作为一名体育教师或社会体育指导员,应认真学习与掌握这些方面的知识,从而指导人们更好地参与全民健身运动。

一、体育教学理论知识

(一)体育教学目标

1.体育教学目标的概念与结构

体育教学目标指的是体育教学中师生预期达到的学习结果和标准。体育教学目标的结构体系如图6-1所示,这些结构要素之间存在递进关系。

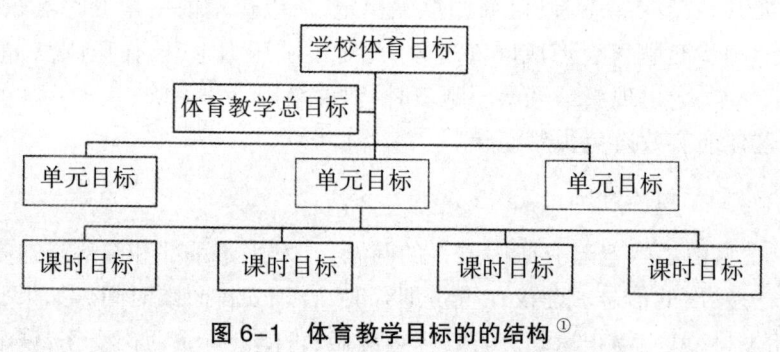

图6-1 体育教学目标的的结构[①]

2.中小学体育教学目标

中小学不同教育阶段的体育教学目标见表6-1。

---

① 孙梅.2013年国家教师资格考试考点精析与强化题库 体育与健康学科知识与教学能力 初级中学[M].北京:首都师范大学出版社,2013:67.

第六章　全民健身背景下体育教师知识素质的培养与提升

表6-1　中小学体育教学目标[①]

教育阶段	体育教学目标
小学	1. 主动参与游戏与运动动作的学习，体验参加体育活动的乐趣。 2. 养成正确的身体姿势，学习简单的体育与健康常识，初步建立卫生和安全的观念。 3. 掌握基本的体育动作，发展基本活动能力，并能说出所练习运动项目的术语。 4. 了解一般的游戏规则，学会尊重和关心他人，并表现出一定的合作行为。 5. 通过体育培养自尊心和自信心。
初中	1. 初步形成良好的体育意识，自觉参与体育活动。 2. 理解体育锻炼对身体形态和机能的影响；能对健康的营养食品进行简单选择；在运动中注意安全问题。 3. 了解所学项目的简单技战术知识和竞赛规则；形成基本的运动素质和运动能力。 4. 学会调节情绪的方法，通过体育树立自尊、自信和团结协作精神。 5. 理解并担当不同的运动角色，形成良好的体育道德行为。
高中	1. 形成良好的体育锻炼习惯，并能简单评价体育锻炼效果。 2. 了解疾病传播的有关知识，形成良好的生活方式；掌握运动损伤常识和紧急简易处理方法。 3. 提高一两项运动技战术水平，认识多种运动项目的价值；发展肌肉力量和耐力。 4. 自觉通过体育活动调控心理状态，在体育活动中与同学友好交往。 5. 形成良好的体育道德和合作精神，增强凝聚力和荣誉感。

（二）体育教学原则

1. 体育教学原则的概念

体育教学原则是长期体育教学实践经验的科学总结和概括，是体育教学客观规律的正确反映，是体育教学工作必须遵循的基本要求和准则。

2. 体育教学中应遵循的主要原则

（1）学生主体性原则

学生主体性教学原则是指，在体育教学中，学生始终是体育学习的主体，教师应根据学生主体的需要和特点来合理安排活动；学生主体在教师的有效指导下积极主动参与教学活动，充分发挥自主性和创造性。

---

① 毛振明.体育教学论 第3版[M].北京：高等教育出版社，2017：23.

（2）兴趣先导、实践强化原则

兴趣先导、实践强化原则是指，在体育教学中，要先培养学生的体育兴趣，然后在体育教学实践中进行强化，使这种兴趣长久保持，从而在学生的积极参与中完成体育教学任务。

（3）身心全面发展原则

身心全面发展原则是指，在体育教学中，教学的重点不仅指向学生的身体发展与运动技能掌握，而且要指向学生的心理发展与完善，促进学生身心协调健康的发展。

（4）为终身体育打基础原则

为终身体育打基础原则是指，在体育教学中，教师在确立教学目标、安排教学内容、选择教学方法和实施教学评价时，力求把当前的教学活动和终身体育目标结合起来，既要完成该学段的体育教学目标与任务，又使教学效果能为学生的终身体育需要打好基础，为学生的课余体育生活提供体育知识、兴趣和能力准备。

（5）全面效益原则

全面效益原则是指，在体育教学中，应结合体育教学目标的要求和学生的身心发展特点而选择体育教学内容，以获得在德、智、体、美等各个方面的综合效应，促进学生各方面素质的全面协调发展。[①]

（三）体育教学方法

1. 体育教学方法的概念与分类

体育教学方法是在体育教学过程中，为实现教学目标，教师组织学生进行学习活动所采取的教与学的方式的总称。体育教学方法类型多样，依据体育与健康课程标准目标，结合教学方法的基本原理，可将其分为如图6-2中的几个类型。体育教师在教学中要根据教学目标、教学内容而选择适宜的教学方法，注意教学方法的多样性。

[①] 杨海平，张新安.体育教育专业必备基础知识读本[M].广州：广东高等教育出版社，2014：73.

第六章 全民健身背景下体育教师知识素质的培养与提升

```
体育教学方法体系
├─ 体育健康知识和运动技术理论教学方法体系：讲解法、谈话法、问答法、讨论法、比较法、归纳法等
├─ 运动技术教学方法体系
│   ├─ 泛化阶段教学法：情景置疑法、启发法、发现法、直观法、示范法、多媒体法、模拟法、辅助练习法、暗示法、比较法、分解法、预防错误动作法
│   ├─ 提高阶段教学法：纠正错误法、部分完整练习法等
│   └─ 技能巩固阶段教学法：重复练习法、变换条件法、完整练习法、自练法、过渡练习法、强化法、比赛法、循环练习法等
├─ 发展学生体能方法体系：负重法、持续法、间歇法、游戏法、综合法、比赛法
├─ 激励与评价运动参与方法体系
│   ├─ 激励法
│   │   ├─ 兴趣激励法：成功教学法、愉快教学法、需要满足法、教学引趣法等
│   │   └─ 动机激励法：目标设置法、创新情境法、积极反馈法、归因教育法、价值寻求法等
│   ├─ 教育法：说服法、鼓励法、榜样法、评比法、表扬法、批评法等
│   └─ 评价法：积极评价法、鼓励评价法、对比评价法、信息反馈法、自我评价法等
└─ 发展学生心理方法体系（包括社会适应能力）：个别与集体指导法、个性培养法、自学法、自练法、差别教学法、分组轮换法、合作学习法、分层教学法等
```

图 6-2　体育教学方法分类[①]

2.常用的几种体育教学方法

下列几种教学方法在体育教学中运用较为频繁。

（1）语言教学法

语言教学法指的是体育教师在体育教学中对学生进行语言指导，从而达到预期教学效果的教学方法。运用语言教学法要注意语言的准确性、形象性与生动性，要尽可能简明扼要地传达信息，给学生自主学习与思考的时间。这有利于学生更好地了解学习目标和学习任务，主动学习体育知识与技能。

---

① 李启迪，周妍.体育教学方法与手段甄异[J].体育与科学，2012，33（06）：113-117.

（2）直观教学法

在体育教学中，教师采用直观的方式作用于学生的感觉器官，引起学生相应的感知，从而实现预期体育教学目的的教学方法就是直观教学法。人对新事物的认识都是从直观感知开始的，所以直观教学法更容易使学生在短时间内对体育教学内容形成直观认识与基本了解。

（3）预防与纠正错误法

学生在体育练习中很容易出现错误，体育教师为防止学生出现错误或纠正学生错误而采用的教学方法就是预防与纠错法。体育教师应正确对待学生的错误，及时发现，耐心指导，避免学生形成错误的动作习惯。

二、运动训练理论知识

（一）运动训练的目的

运动训练的目的是通过科学系统的训练，提高运动员的竞技能力和比赛水平，使运动员创造优异的比赛成绩，为国家、团体和个人争取荣誉，以满足社会发展和个人成长需要。

（二）运动训练的任务

（1）根据专项需要，改善身体形态，提高身体机能，发展运动素质。增强运动员体质，防治运动伤病。

（2）提高运动员的运动技能水平，达到自动化和灵活运用的程度，提高运动员在不同训练和比赛环境下的适应与应变能力。

（3）培养运动员良好的心理素质、体育精神和意志品质，调节运动员的心理状态和精神状态。

（4）掌握专项运动医务监督、运动营养等知识，培养运动员自我训练和自我监督的能力。

（5）对运动员进行政治思想教育，培养运动员的爱国热情、道德品质和行为规范，养成优良的运动道德作风。

（三）运动训练的内容

1. 身体训练

身体训练是运动训练中最基本的内容,包括全面身体训练、一般身体训练和专项身体训练。

2. 技术训练

每个运动项目都有自身独特的身体运动方式,这是区分不同项目的基础。各个项目训练中不仅要通过身体训练发展体能,也要通过技术训练提高运动技能。

3. 战术训练

战术训练是运动训练的重要内容之一,目的在于发挥身体、心理、智力水平,创造优异成绩。

4. 心理训练

运动是身心统一的活动,现代竞技体育实践证明,仅仅依靠身体训练和技战术训练是不够的,还必须经常进行心理训练,提高心理素质。

5. 智能训练

体育运动不仅是身体活动,也是智力活动、心理活动。良好的运动智能对提高身体训练水平、掌握运动技战术、发挥竞技能力、取得优异成绩具有重要作用。因此必须重视智能训练。

6. 政治思想教育

运动训练是特殊的教育形式,在训练中要注重政治思想教育,提高运动员的思想觉悟,激发运动员的进取精神和爱国主义情感,培养运动员正确的世界观、人生观,塑造良好的道德品质。

（四）运动训练的方法

运动训练方法主要由练习动作及其组合方式、运动负荷及其变化方式、过程安排及其变化方式、外部条件及其变化方式构成,见表6-2。

表 6-2　运动训练方法的构成[①]

运动训练方法的构成	解释
练习动作及其组合方式	身体练习过程以及各个身体练习之间的不同组合变化
运动负荷及其变化方式	各种练习时施加的运动强度、运动量以及负荷性质方面的变化形式
过程安排及其变化方式	对运动训练过程中人员的组织、内容的选择、器械的分布、练习的步骤等因素的安排及其变化
外部条件及其变化方式	训练场地、训练器械、训练工具、训练氛围等因素的影响及其变化方式

运动训练的基本操作方法有分解训练、变换训练、间歇训练、重复训练、持续训练、完整训练等方法。

（五）运动训练的实施过程

如果将运动训练看作一个复杂的工程，那么这项工程涉及工程规划、工程实施和工程监控三个方面的内容，如图 6-3 所示。

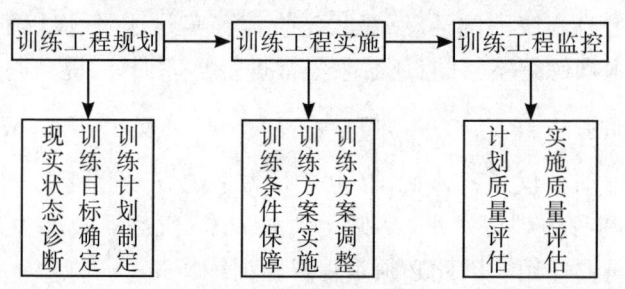

图 6-3　运动训练工程

从上图来看，从工程规划到实施再到监控，各自都包含一些重要的工作，这些工作又各自由一些主要的工作环节组成，如图 6-4 所示。从结构层次来看，运动训练工程具有整体性、系统性、层次性及关联性。了解运动训练工程的结构层次，梳理训练工程的内部层次，能够系统把握运动训练的整体结构、主要环节和发展方向，从而能够提高运动训练工程规划的科学性、实施的效率性和监控的有效性。

---

① 胡亦海.竞技运动训练理论与方法[M].北京：人民体育出版社，2014：136.

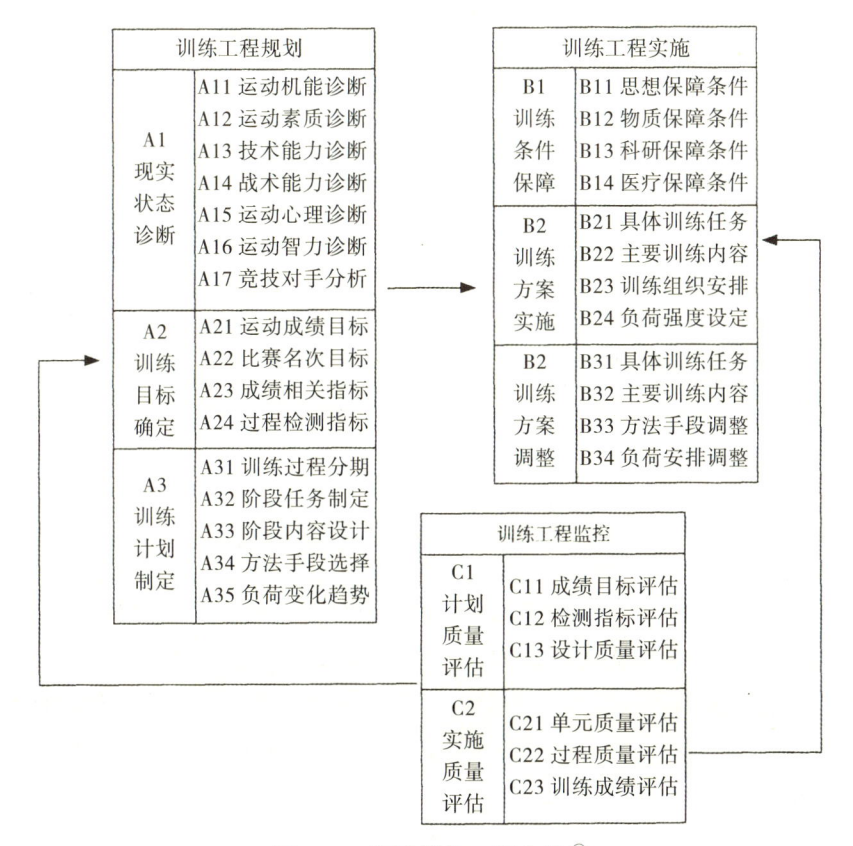

训练工程规划		训练工程实施	
A1 现实状态诊断	A11 运动机能诊断	B1 训练条件保障	B11 思想保障条件
	A12 运动素质诊断		B12 物质保障条件
	A13 技术能力诊断		B13 科研保障条件
	A14 战术能力诊断		B14 医疗保障条件
	A15 运动心理诊断	B2 训练方案实施	B21 具体训练任务
	A16 运动智力诊断		B22 主要训练内容
	A17 竞技对手分析		B23 训练组织安排
A2 训练目标确定	A21 运动成绩目标		B24 负荷强度设定
	A22 比赛名次目标	B2 训练方案调整	B31 具体训练任务
	A23 成绩相关指标		B32 主要训练内容
	A24 过程检测指标		B33 方法手段调整
A3 训练计划制定	A31 训练过程分期		B34 负荷安排调整
	A32 阶段任务制定		
	A33 阶段内容设计		
	A34 方法手段选择		
	A35 负荷变化趋势		

训练工程监控	
C1 计划质量评估	C11 成绩目标评估
	C12 检测指标评估
	C13 设计质量评估
C2 实施质量评估	C21 单元质量评估
	C22 过程质量评估
	C23 训练成绩评估

图 6-4 运动训练工程内容[①]

三、常见运动项目理论知识

这里简要阐述体育教学中常见田径运动项目和球类运动项目的基础知识。

（一）田径运动

1. 竞走

竞走是运动员与地面保持接触、连续向前迈进的过程，没有（人眼）可见的腾空。前腿从触地瞬间至垂直部位应该伸直（即膝关节不得弯曲）。竞走运动起源于英国，19世纪流行于少数西欧国家。19世纪末从

---

① 胡亦海. 竞技运动训练理论与方法[M]. 北京：人民体育出版社，2014：26.

欧洲传入我国。竞走运动中,身体重心上下起伏变化,重心起伏呈轻微的波浪形,基本平直。小腿前摆、髋与踝关节屈伸以及支撑腿蹬伸等构成的动力条件支撑着人体向前迈步。

2. 短跑

短跑是一个体能类基础项目。从1896年第1届现代奥运会到现在,现代短跑运动已有百余年的发展历史。短跑主要侧重于力量和速度,周期性,强度大,供能方式主要是无氧供能。短跑运动员的肌肉力量、速度决定了其运动成绩。短跑比赛项目有60米、100米、200米、400米及4×100米和4×400米接力。完整的短跑技术包括起跑、加速跑、途中跑、弯道跑、终点跑。

3. 跳高

跳高是人体通过助跑、起跳、腾空、落地一系列动作形式跳越高度障碍的运动。跳高技术性强、发展快,在发展历史中陆续出现了跨越式、剪式、滚式、俯卧式和背越式技术。其中背越式跳高技术效果最好。起跳时人体重心的高度、蹬离地面的瞬间腾起的初速度、腾起角度和过杆动作的合理性是影响跳高成绩的主要因素。完整的跳高技术包括助跑、助跑与起跳结合、起跳、过杆与落坑。

4. 推铅球

传统投掷类运动中的推铅球运动集力量、速度于一体,其中力量是基础,速度是核心。推铅球运动从产生至今经历了推石块→推炮弹→推铅球三个发展时期。完整的推铅球技术包括握球与持球、预备姿势、团身动作、滑步、最后用力、结束动作。

(二)球类运动

1. 足球

足球被称为"世界第一运动",其起源于中国,在春秋战国时期,我国就有了古代的足球运动,被称为"蹴鞠"。现代足球运动诞生于英国。欧洲派、南美派和欧洲拉丁派是国际足坛公认的3种风格的足球流派。足球运动的特点是比赛场地大、人数多、时间长、运动量大、集体性强;对抗激烈,观赏性强。足球运动具有增强体质,改善心理、培养道德品质、增进友谊、发展经济等价值。足球技术包括传接球、运球、颠球、头顶球、抢截球、守门员技术。

2. 篮球

篮球运动是由美国马萨诸塞州斯普林菲尔德市基督教青年会训练学校体育教师詹姆斯·奈史密斯博士于1891年12月初发明的。1908年美国制定了全国统一的篮球规则。1936年第11届奥运会将男子篮球列为正式比赛项目，并统一了世界篮球竞赛规则。女子篮球是1976年第21届奥运会上才被列为正式比赛项目的。篮球运动最早传入我国是在1895年9月。篮球运动具有集体性、对抗性、变化性、职业性、多元性等特征，具有教育、健身、文化娱乐等功能。篮球技术包括移动、运球、传接球、持球突破、投篮、抢篮板球、防守技术。

第三节 应用类知识的学习

作为一名体育教师或者社会体育指导员，除了要具备丰富的知识结构外，还要具有较强的实践能力。而实践能力的获得则很大程度上依赖于一些应用类知识的学习。因此，加强他们的应用类知识的学习是非常重要的。

一、体育教师应掌握的应用类知识

（一）计算机

近年来，互联网在全球各地的扩展和普及速度非常快，互联网技术的出现使我们对世界的了解越来越多，使国际交往突破时空限制，国与国之间的联系越来越紧密，也使"地球村"成为全球人民的美好愿景。互联网具有科技性、开放性，这个高科技信息库具有巨大的、无法想象的储量，人们利用互联网和计算机可以访问世界信息，人与人、国与国可以突破时空局限而实现"面对面"对话。在体育教学中，体育教师要紧跟时代潮流，密切关注新知识，关注社会热点，了解国家和社会对学校体育教育和现代体育人才的新要求。计算机技术为体育教师掌握各种教学信息提供了便利,提高了体育教师获取知识的速度和效率,使体育教师能够不断扩展自己的知识面,完善自己的知识结构,提高自己的知识素养,更好地发挥自我价值。体育教师利用计算机技术对体育学科发展动向及时了解,并传达给学生,提高体育教学的时效性。此外,体育教师不仅可以利用计算机技术及时获取外部信息,还能实现自我开放和自我价值实现的需求,利用互联网表达自己的教学思想,分享自己的教学技巧和经验,并与世界各地的优秀教师相互交流、讨论、研究,在信息共享和资源共享的同时更好地实现自身价值,并为自我完善开辟更加丰富的渠道。互联网的出现颠覆了现代人的生活方式,也一定程度上改变了教育方式,这些变化都需要体育教师主动去适应互联网教育环境,并在准确分析与判断的基础上接受新的教育思想、教育理论,借鉴成熟的教学经验,享受有价值的教学成果。如此才能在互联网时代更好地适应社会,服务学生,为社会培养全面发展的人才。

计算机和多媒体技术的出现一定程度上也冲击着体育教师的教学工作,体育教师的职能、教学理念、教学方式、教学习惯也因此而发生了显著的变化。在计算机网络时代,单向传授体育知识、体育技能已不足以证明体育的权威性,因此体育教师逐渐摆脱了传统课堂教学模式下单一的"传授者"角色,从而扮演着更加丰富的角色,如"组织者""辅导者""合作者"等,为学生学习提供帮助和服务。在互联网背景下,体育教育工作者在体育教学中利用多媒体技术及计算机手段早已成为一大趋势,这是提高体育课堂教学效率的重要方式,有助于使体育教师传授体育知识、技能及获得教学反馈的过程缩短,使师生有更多的时间去交流和互动,使学生有自己的自主学习时间,从而巩固学生的主体地位,发挥学生的主体性和创造性。在新教育技术广泛应用及普及的今天,体育教师必须学好计算机知识,提高自己的计算机应用能力,将新兴教育教学手段运用到体育课堂上,成为真正意义上的现代化体育教育工作者。

(二)统计学

学生体质健康测试是学校体育的重要工作,组织开展体质健康测试是体育教师的工作任务之一。通过测试可以了解学生的体质健康状况,发现学生的健康问题,从而在体育教学中有针对性地加以改善,增强学生体质,提高学生健康水平,为学生的成长与发展奠定良好的基础。在体质健康测试工作中,体育教师要采用数理分析和统计方法来统计各项指标的测试数据,从而提高测试结果的真实性和可信度,获得真实的结果,为体育教学改革提供可靠的依据。对此,体育教师有必要对统计学基础知识予以学习和掌握,这是检验体育教师科学化工作能力的一个重要指标。

部分体育教师曾在高等教育阶段对体育统计学知识有过系统的学习,并掌握了基本的知识,但能在体质测试工作中熟练运用所学知识,将知识转化为实践能力的体育教师很少。而且,从体育教师的科研文章中来看,他们鲜少运用数学、统计学等研究方法,统计学知识的缺乏和统计能力不足也影响了体育教师的科研水平。

体育统计学知识庞杂,体育教师应该重点掌握体育教学、体质测试以及体育研究中经常用到的知识和技能,下面列举一些体育教师需要掌握的基本统计学知识。

(1)了解样本、总体、标准差、平均数等基本术语的概念。

(2)掌握条形图、曲线图、构成图等常用图形的绘制方法与运用技巧。

(3)掌握材料统计中常用的计算方法、计算公式,并能正确选用计算方法去达到自己的目的。

(4)掌握统计学中的参数检验法和非参数检验法。

(三)外语

现代社会的不断发展、国际文化交流的深入以及多学科交叉教学理念的传播均对教育工作者的外语能力提出了一定的要求。体育教师要在互联网平台将自己的教学思想、教学经验以及各种教学观点传播到海外,并出国培训、深造,或与国外同行相互切磋交流,就要具备一定的外语交流能力。这是体育教师进行国际交流和走向国际的必备工具。虽然随着现代科学技术的不断发展,网络上的翻译软件五花八门,但是很多软件翻译的内容都不够准确、规范,容易产生歧义,引起误解,从而带来不必要的麻烦。因此,体育教师自己掌握基本的外语知识还是很有必要的。外语应用能力也是新时代体育教师塑造自我形象的一个关键。

二、体育教师应用类知识技能素养的培养

（一）加强体育教育专业应用类课程体系建设

高等院校体育教育专业是培养体育教师人才的重要专业，该专业的课程建设直接影响人才培养效果。因此，要不断健全这一专业的课程体系，保障体育教育专业学生全面掌握专业知识，使学生的知识结构趋于合理、完善，促进学生知识水平的全面提高。在课程体系的建设中，要注意将计算机、外语、统计学等以应用类知识和技能为主的课程纳入课程体系中，科学而系统地培养学生的应用类知识素养和实践技能。

体育教育专业课程体系建设涉及跨学科的问题，要涉及体育学科之外的其他学科课程，而且要配备专业的教师来教这些课程，从而增加体育教育专业学生的知识储备，提升其应用技能，使其具备一定的教学素养，在将来走上体育教师岗位后能够将这些应用类课程的知识充分运用到教学工作中，提高工作效率。需要注意的是，针对体育教育专业学生开设的应用类课程，如计算机课程、外语课程等，要区别于计算机专业和外语专业的课程，难度上要有区别，不能直接将计算机、外语专业的课程内容运用到体育教育专业，过于专业和难度较大的知识会打击学生的学习积极性。面向体育教育专业学生进行学科外应用类课程的教学，以基础课程为主，要求学生掌握基础知识和常用技能。

（二）建立与完善专业化培养培训模式

体育人才培养单位和体育教师在职单位要加强对体育教师的培养与培训，借鉴国外成熟的培养培训模式，结合我国体育教师培养现状而对科学化、专业化的培养培训模式进行构建与完善，树立先进的体育人才培养培训理念。高校体育教育专业和体育教师在职单位即各个教育单位相互沟通与交流，根据社会对体育人才的需求而实施一体化培训培养战略，从而使体育教育专业学生在成为正式体育教师前就具备良好的知识和技能素养，使在职体育教师不断提升自己，在体育学科外掌握其他学科的知识和技能，更好地为提高体育教学质量而服务。

(三)体育教师主动补充与完善自己的知识结构

体育教师应用类知识能力和技能水平的提高不仅要靠体育教师人才培养单位的努力,靠在职单位创造培养机会和提供培训支持,更重要的还是要靠体育教师自身的自觉和努力。体育教师要深知自身综合素质的高低对体育教育改革及发展的成果有重大影响,因此要自觉积极地提升自己的综合素质,弥补自己在应用类知识与技能方面的短板,主动学习和提升自己,使自身的应用类知识素养及技能水平能够满足体育教学的需要,满足社会发展对新时代体育教育工作者的新要求。体育教师学习应用类知识和技能的途径主要有利用互联网学习资源自学;在正规机构接受专业培训;向统计学、计算机学、外语学等专业的人才寻求帮助,等等。只有多途径并用,体育教师才能更好更快地提升自己的综合教学能力。

第七章　全民健身背景下体育教师能力素质的培养与提升

在全民健身背景下,为保证广大人民群众参与运动健身的科学性与合理性,需要建立一支具有一定数量的高素质的体育指导员队伍。而这一队伍则主要来源于学校体育教师或将来从事体育教师或社区体育指导员职业的体育教育专业学生。本章就重点研究如何培养与提高体育教师的综合能力。

体育教师的能力主要包括教学能力、组织管理能力、科研能力三个主要方面,是影响体育教学效果的主要因素。体育教师应该本着"活到老,学到老"的理念,在教学生涯中始终保持学习,不断提高自身的各种能力,为体育教学效果提供保障。本章将从体育教师教学技能培养与提升、体育教师组织管理能力培养与提升、体育教师科研能力培养与提升三个角度,具体阐述全民健身背景下体育教师能力素质的培养与提升。

第一节　体育教师教学技能培养与提升

在全民健身背景下,体育教师或体育指导员需要具备必要的教学技能,这些技能主要包括制定教学计划、语言与动作示范技能、组织管理活动技能等,只有具备了这些技能才能更好地带领广大人民群众参加全民健身活动。

一、体育教师教学技能培养与提升的必要性

(一)教学内容不断发生变化

社会具有动态变化的特点,即社会上的万事万物总是处于动态变化和发展之中,教学内容作为一种文化知识,也会随着社会的发展而变化。原有的教学内容会在社会的变化发展中逐渐落后,而许多适应社会发展现状的教学内容又会不断地涌现出来。这要求教师紧跟时代的发展,及时进行新知识的了解和学习,不断更迭自身的储备知识,并且有意识地将自己掌握的新知识运用到教学过程中,形成新的教学内容,不断发展自身的教学技能。

(二)教师权利和任务范围的扩大

体育教师除了是传统的教学实施者,还需要变成教学的开发者,承担教学开发的工作和义务。在这个过程中,教师必须要以教学实践为基础,在教学实践中发现问题,采集数据,明确开发的顺序和方法。

体育教师教学权利和任务范围的扩大,对教师教学能力提出了更高的要求。体育教师必须要不断进行教学技能培养和提升才能满足新的教学要求,保证体育课堂的质量。

(三)体育教学需要体育教师具备"转识成智"的能力

教学工作是一件非常需要创造性的工作,教师拥有丰富的知识储备只是最基础的要求,更重要的是教师需要具备"转识为智"的能力,即运用智慧驾驭信息和知识,将自己的知识储备转化成教学内容并通过合适的教学方法和教学手段教授给学生的能力。教师在"转识为智"的过程中,要充分了解知识在不同学科、不同使用目的、不同场合之下的形态,采用不同的传递方式,培养学生在面对知识时的理解、判断、取舍能力,引导学生在学习中发现问题、提出问题,并能够通过对所学知识进行组合、转换,以解决发现和提出的问题。

"转识为智"是教师必备的能力,教学的过程就是教师将自己的知识储备转化成教学内容并教授给学生的过程。体育教师必须要不断培养和提升自己的教学技能,充分掌握"转识为智"的能力,只有这样才能取得理想的教学效果。

(四)新的知识观的形成

现代社会一个非常突出的特点就是人和知识之间的联系越来越紧密,也正因为如此,人们逐渐形成了一种新的知识观念。新的知识观念认为,知识成为人们进行思维的原料,学习过程中最重要的是对知识的理解过程,而不是对知识进行认知和记忆,教学的最终目的就是使学生在知识的学习过程中形成一种思维能力,并能够将这种思维能力迁移到生活、工作、学习的各个方面,真正内化成自己的东西。

现代社会新的知识观的形成,意味着教师必须要转变传统的以学生掌握某类具体的知识为最终目的的教学观念,而是要让学生以自己学到的知识为基础原料,在学习过程中形成思维能力。这无疑给教师提出了更高的教学要求,因此,体育教师必须要不断培养和提升自己的教学技能,以满足新的知识观的要求。

二、体育教师教学技能培养与提升的方法

(一)制订体育教学计划的技能

这里我们以制订课时教学计划为例,具体介绍制订体育教学计划的方法。

1. 制订课时教学计划的意义

课时教学计划是教师根据教学进程和学生的实际学习状况制定的具体的教学实施方案,是教师实施教学的依据,对于稳定教学进度、保证教学质量具有重要意义。

2. 制订课时教学计划的方法与步骤

(1)根据具体教学内容确定教学目标。

(2)根据教学目标将整个教学内容合理划分成几个部分。

(3)根据各个部分教学内容的多少和难易程度,合理安排各个部分的教学时间。

(4)确定教学组织形式。

(5)选择合适的教学方法。

(6)根据教学目标和各个部分的教学内容,合理安排运动负荷。

(7)确定教学场地和教学设施、器材。

3. 制订课时教学计划需要注意的事项

(1)体育教师要重视体育教材在教学中的基础地位,充分研究和把握教材,可以借助音乐、图片、视频等方式将教材知识更加生动化地展

第七章　全民健身背景下体育教师能力素质的培养与提升

现出来,吸引学生的注意力,帮助学生更快理解教学内容。

（2）充分了解学生,对本班级学生的基础水平、学习能力、性格特点等进行了解,并以此为依据,设计合理的课堂组织形式,开创自由宽松的课堂氛围,培养学生的主动性和创造性。

（3）选择合适的教学方法,形成导—学—感知—解疑—精讲—练习的学习过程,培养学生的创造精神和实践能力。

（4）合理安排教学场地和器材,理论课最好在具有多媒体设备的教室进行,以便通过图片、视频等方式加深学生对理论知识的理解和记忆;实践课程要在具有配套设施和器材的场地进行,便于学生进行训练实践。

（二）语言技能

语言技能包括概括能力和表达能力两个方面的内容,前者是指在一段复杂冗长的文字中找出其中心观点,并用简洁精确的语言将其概括出来的能力;后者是指利用简练、生动、易懂的语言进行表达的能力。

课堂讲解是最能够体现体育教师语言技能的部分,其具体方法如下。

（1）明确讲解目的,根据教学目标和教学任务确定讲解目的,在讲解过程中要重点突出教学的重点和难点。

（2）讲解语言要简明扼要,做到语言简洁准确,重点突出。

（3）讲解的内容必须要科学准确,对于体育课程中的相关概念、原理、技术、方法、动作等,必须要用科学的语言精准、正确地表达出来。

（4）讲解的语言尽量生动有趣,以缓解课堂的枯燥,激发学生的学习兴趣。

（三）动作示范技能

动作示范是体育教学中最常用的教学方式之一,教师通过动作示范帮助学生建立正确的动作表象,以提高学生掌握和记忆动作的效率。

动作示范的具体要求如下:

（1）动作示范必须具备目的性,要根据教学的目标、教学的任务、教学的进度、学生的学习状况等因素,合理确定动作示范的次数、时机等。

①新授课。新授课一般需要教师做4次动作示范,分别是:向学生介绍动作的时候进行整体动作示范,目的是使学生形成对动作的整体概

念和表象；向学生介绍动作的各个部分的时候做分解示范，目的是使学生了解动作的重点和难点，使学生把握各个局部技术；了解学生存在的共性问题，进行集中示范；了解个别学生存在的个性问题，针对有问题的学生进行分解示范。

②复习课。复习课一般需要教师进行两次动作示范，分别是：为了带领学生对重点技术和难点技术进行复习，进行慢速示范；根据学生存在的问题和实际的学习需要，进行有针对性的示范。

（2）动作示范要十分熟练和优美，让学生感受到运动的魅力，激发学生的学习兴趣，减少学生对学习新知识的恐惧和抗拒心理。

（3）教师在做动作示范的时候必须要选择合适的位置和方向，便于所有学生都能够清楚地观察到示范的内容。

（四）组织教学技能

组织教学是教学过程中最重要的环节，教师想要提高教学质量必须要不断提升和完善自身组织教学的能力和水平。

1. 队形队列

首先，在上课之前要设计合理的队列形式，保证队列中的学生都能够观察到教师的动作示范，保证学生能够有充足的空间进行动作实践；在上课的时候要根据教学的需要进行队列的变换和调动，需要注意变换后队列形式的合理性、变换时的秩序、变换的速度和效率。

2. 教学指导

教师要对学生的学习状况进行密切关注。可以在学生练习的过程中到队列的各个部分进行观察，及时纠正学生出现的问题，对于学生普遍存在的问题还可以集中起来进行统一示范和指导。这样做能够增强指导的针对性，提高指导的效率。

3. 教学方法

教学方法的选择和运用，是体育教师教学能力和教学艺术的具体体现，对教学效果具有决定性的作用。在选择教学方法时，最重要的是要符合学生的实际状况，如学生的年龄、学生的注意力状况、学生的理解能力等。比如在对低年级的学生进行授课的时候，因为学生的理解能力和注意力集中水平比较低，所以可以采用游戏教学法，增强课堂的趣味

第七章　全民健身背景下体育教师能力素质的培养与提升

性,以生动有趣的方式帮助学生理解教学内容。而对高年级学生进行授课时,可以采用讲解示范法和练习法,因为高年级学生的理解能力和注意力水平已经处于较高的程度,这两种教学方式能够提高教学的效率。此外,在体育教学中经常用到的教学方法还有错误纠正法,这种方法的优势是能够有针对性地纠正学生的错误,减少动作错误率,提升教学质量。

4. 安全防护

体育课程要求学生进行大量的动作实操,学生在进行实操的过程中很有可能发生各种意外,所以安全防护是体育教学中必不可少的内容。学生在做一些难度和危险性较大的动作时,如滚翻动作、引体向上动作等,教师需要全程给予安全防护。教师在进行安全防护时,注意选择的站位一定要准确,手法一定要正确,保护和帮助一定要得法。此外,教师还应该掌握一定的急救知识,以便应对出现的意外事故。

5. 课堂总结和点评

课堂总结和点评也是教学过程中非常重要的一个环节。教师在进行课堂总结和点评的时候,首先要对本节课的内容进行精炼的概括,以帮助学生巩固知识;其次要对学生的表现进行点评,肯定可取之处,指出不足之处,便于学生及时进行改进。

(五)成绩评价技能

1. 建立评价体系

(1)建立评价体系的原则

①诊断、激励、发展的原则

对学生进行评价的目的是指出学生在学习过程中存在的不足之处,制定更加科学合理的学习方法,使学生不断获得提高和发展。

②可操作性原则

建立评价体系的目的是真实反映学生的学习状况,所以必须要遵循可操作性原则,评价的指标、标准要使教师和学生在教学中能够操作,而不能制定无法真实反映学生能力的指标和标准。

③可检测性原则

评价的具体标准有可检测性,能够检查达到的程度或等级。

④体育与健康学科特点的原则

体育与健康学科要突出身体形态、机能、素质,体育的知识与技能,以及参与体育活动(锻炼)的态度与表现。

⑤简便易行原则

评价指标体系要便于教师操作,方法、手段简单,不烦琐,不增加过多负担。

(2)评价体系的具体内容

①身体形态

在性别的基础上,按照年级对学生进行分组,从小学到高中可以将学生分成五组,分别是:小学一、二年级,小学三、四年级,小学五、六年级,初中,高中。根据性别和分组分别制定"身高/体重指数",根据指数将身体形态划分成营养不良、较低体重、正常体重、超重、肥胖五个等级。

②身体机能

在性别的基础上将学生划分成小学五、六年级,初中,高中三个不同的群体,根据性别和分组制定"肺活量/体重指数",将测试出来的指数划分成优秀、良好、及格、不及格四个等级。

③身体素质

要求学生完成各项特定的运动项目,通过学生的完成效果确定学生的身体素质状况。

表7-1是《国家学生体质健康标准》规定的各项测试项目,这些运动项目能够反映学生的身体形态、身体机能和身体素质状况。

表7-1 《国家学生体质健康标准》测试项目[①]

测试对象	单项指标	分数权重(%)
小学一年级至大学四年级	体重指数(BMI)	15
	肺活量	15
小学一、二年级	50米跑	20
	坐位体前屈	30
	1分钟跳绳	20

---

① 刘曼冬.《大学生体质健康测试指导手册》[M].上海:上海交通大学出版社,2017:34.

续表

测试对象	单项指标	分数权重(%)
小学三、四年级	50 米跑	20
	坐位体前屈	20
	1 分钟跳绳	20
	1 分钟仰卧起坐	10
小学五、六年级	50 米跑	20
	坐位体前屈	10
	1 分钟跳绳	10
	1 分钟仰卧起坐	20
	50 米×8 往返跑	10
初中、高中、大学各年级	50 米跑	20
	坐位体前屈	10
	立定跳远	10
	引体向上(男)/1 分钟仰卧起坐	10
	1 000 米跑(男)/800 米跑(女)	20

注：体重指数(BMI) = 体重(千克)/身高^2(米^2)。

④知识与技能

体育与健康知识按照笔试、讨论、心得、体会、运用等方面评定；技能按照教学内容制定不同年级(小学按水平)、性别的量化评价指标。

⑤行为表现

对学生的学习态度和课堂参与度进行评价，评价等级为积极、主动、创造地做；较为主动地做；按要求做；不做四个等级。

对学生的技术、战术应用状况进行评价，评价等级为好、较好、一般、不好。

对学生的出勤状况进行评价，评价等级为及格和不及格两种，无故缺勤次数超过课程总次数的 1/10 为不及格。

2.评价方法

(1)过程性评价和终结性评价相结合

对学生进行评价不能只看最终的结果，过程一样十分重要。过程性评价是指在学生学习的过程中对学生的学习效果进行即时性评价，通过评价发现其中的不足,为下一阶段的学习提供参考,便于学生及时改进。

(2)质性评价和量性评价相结合

量性评价是指对学生掌握的技术、战术数量和学生的考试成绩进行评价,质性评价是指评价学生对技术和战术的掌握程度、学生运用技术和战术的能力。对学生进行评价必须要采用质性评价和量性评价相结合的方式,使学生有质有量地完成学习内容。

(3)绝对评价和相对评价相结合

绝对评价是指根据学生的最终成绩对学生的学习效果进行评价,而相对评价是指对学生的行为表现、进步幅度等进行评价。在进行相对评价时,可以对学生进行多次测试,以便查看学生的动态变化,给予学生激励,促进学生发展。

(4)学生自我评价、小组互相评价和教师评价相结合

小学低年级基本以教师评价为主,中、高年级要参考自评和互评的意见;初中要重视自评和互评的意见;高中要以自评为主。

三、全民健身背景下体育教师教学技能培养的途径

在全民健身背景下,体育教育专业学生是体育教师或社会体育指导员的主力军,要培育他们的体育教学技能,只借助于相应的方法是不够的,还需要采取相应的措施和途径。具体有以下几个方面。

(一)积极参加形式各样的体育教研活动

体育教研活动,是以体育教师为主体的一种实践性体育教学的活动。这种实践性的体育教学活动是在平时教学过程中遇到的问题的方向指引下,通过大量具体的教学案例来进行剖析和研究,从而达到有效促进体育教育专业学生教学专业能力提高的目的。不同区域,各种形式的体育教研活动,都会对体育教育专业学生自身教学技能的培育与提升起到积极的作用。

(二)逐渐形成自己特有的教学特色

从学校的角度来说,其所开设的体育教学项目是非常多样化的,作

为体育教育专业的学生,要想全部掌握这些知识、技术和技能是不可能的,主要能够做到有自己的专项技能,又要熟练掌握所有的项目,即做到一专多能,这样一来,就能达到每位教师都有不同的专项,对所有的运动项目又熟练,达到一个体育教研技术全面平衡的状态。体育教育专业的学生根据自身个人能力特点,形成自己的特色,这对于日后成为一名体育教师或社区体育指导员奠定了坚实的基础。

(三)借助慕课的形式提升课堂教学能力

对于即将走向体育课堂教学的体育教育专业的学生来说,课堂教学是他们的主阵地,慕课是他们提升课堂教学能力的有效手段。体育教育专业的学生,首先会成为年轻的教师,其成长与公开课是有着非常密切的关系的,而公开课的开设离不开慕课的经历。因此,慕课就成为体育教育专业的学生提升其课堂教学能力的重要形式。需要注意的是,对于不同年级、不同班级的学生,其体育教学技能的选用也要进行适当调整,从而保证取得理想的教学效果。

第二节 体育教师组织管理能力培养与提升

全民健身理念发展至今已深入人心,各种各样的健身活动层出不穷。需要注意的是,人们在参加全民健身活动的过程中缺乏科学的指导,我国的社会体育指导员也比较缺乏,并且现有的体育指导员的综合素质也不够高,因此将来会从事体育教师或社区体育指导员工作的学生的基本素质的提高是非常有必要的。本节就重点研究如何提升他们的体育组织管理能力,以为指导人们科学合理地参与健身活动提供良好的指导。

一、体育课堂的管理

(一)重视建立规章制度

(1)建立备课制度。体育教研室定时进行集体备课,在备课的过程中进行交流讨论,解决在教学过程中遇到的问题,介绍有效的教学方法和教学手段等。

(2)制定教学计划,包括年度计划、学期计划、单元计划、课时计划等,保证有序推进教学进度。

(3)在上课之前进行备课,规定教师不备课不许开展教学活动,以充足的教学准备保证教学的质量。

(4)建立课堂常规。

(5)广播体操和眼保健操规定。

(6)课外活动和校代表队训练制度。

(二)上课要求

(1)课时目标要根据学生的生理特点制定,要求学生能够通过努力完成目标。

(2)保证课堂秩序,学生上下课要列队,师生之间要相互问好。

(3)学生申请见习时,教师要密切关注见习学生的状况,以免发生意外,还可以为见习学生安排力所能及的活动。

(4)加强安全措施,防止伤害事故发生。

二、体育教学的管理

(一)选择体育教学内容的基本原则

1. 实践性原则

体育课程增强学生体质、促进学生全面发展的要求,决定选择体育教学内容时一定要遵循实践性原则。教师要合理安排理论教学和实践教学的内容,保证体育实践活动的内容占据整个教学过程的大部分时间,但是也要具备一定时间的理论教学。

2. 灵活性原则

应按照教学内容的性质、作用和难易程度安排教学时数,并根据学生达成学习目标的状况,及时调整教学时数和进度。

第七章 全民健身背景下体育教师能力素质的培养与提升

3.综合性原则

体育教学的目标除了增强学生的体质外,还有促进学生的心理健康、提高学生的社会适应能力,因此教师在选择体育教学内容时应该根据体育教学的目标,选择具有综合性特点的教学内容,以促进学生的全面发展。

(二)根据《体育与健康课程标准》分配各项教材的课时比例

以小学为例,小学的教学内容包括球类、体操、武术、舞蹈、健美操、田径、地域性运动项目,要将这几种运动项目的教学安排到一学期或者一学年中,就要根据课程的难易程度、课程的进度、学生的学习状况等,合理分配每种运动项目的教学课时。比如,《体育与健康课程标准》提出,学生想要通过体育教学使各项评价指标都达到水平一的等级,每周必须安排4节体育课,去掉节假日等,学生一学期上的体育课为72节,全年上的体育课就是144节;如果要求学生的各项评价指标都达到水平二或者水平三的标准,则每周需要安排3节体育课,一学期的体育课数量为54节,一学年的体育课数量为108节。

表7-2为要求学生的各项指标都达到水平二或者水平三时,各项教学内容所占的课时以及课时在体育总课程中所占的比重,以供体育教师在安排教学课时的时候进行参考。

表7-2 各项教学内容的课时安排[①]

运动项目	每学期时数	时数比例
体育基础知识	4	7.4%
小球类与游戏	8	14.8%
技巧与器械体操	9	15.5%
武术	4	8%
舞蹈和韵律活动	6	11.5%
田径	12	23%
游戏与游戏教学	7	11.8%
地域性运动项目	4	8%

① 于洁.中小学体育教师专业技能发展的途径与实践[M].成都:西南交通大学出版社,2018.

(三)体育教学的具体教学内容安排

1. 体育与健康基础知识

应该选择适合学生身心发展程度的教学内容,可以从运动参与、运动技能、身体健康、心理健康、社会适应等方面切入。比如根据《体育与健康课程标准》对水平一的要求,分别为一、二年级的学生安排适合各自发展水平的教学内容。

一年级主要是了解和适应体育课,包括介绍什么是体育课,为什么要上体育课,在体育课上应该做什么,如何列队等。

二年级的学生已经接触过体育课,可以开始对他们进行一些简单的训练,比如正确的身体姿势,了解自己的身高体重等。

这部分教学内容的学时安排为每学期 4 个课时,每学年 8 个课时。要注意不要局限在教室开展这些课程,而应该到体育课程场地,边讲解边进行实践,一方面激发学生的学习热情,一方面为学生提供练习机会,有助于取得更好的教学效果。

2. 球类项目

根据《体育与健康课程标准》对各项指标达到水平三时的要求,每学期应该安排的球类项目的教学内容为 12 学时,一学年应该安排的球类项目的教学内容为 24 学时。对于具体的球类项目的选择,可以根据学校的条件,如场地、体育设施、师资等,以及学生的实际状况,如对各项球类运动的兴趣、掌握的球类运动的技能水平等,进行具体决定。条件较好的学校可以选择足球、排球这种对场地、器材等要求较高的球类运动,条件有限的学校可以选择羽毛球、乒乓球等对场地和器材等要求比较低的球类运动。定下来学习何种球类以后,就应按照该种球类教材的系统性,合理安排到适宜的季节,使学生在该种球类教材上达到一定的技术和技能的标准。

3. 技巧与器械体操项目

技巧与器械体操项目对于帮助学生形成良好的体形和体态,发展学生的力量、反应能力、协调能力、平衡能力等都有重要作用,因此是学校体育教学中必不可少的内容之一。根据《体育与健康课程标准》对各项指标达到水平三时的要求,对技巧和器械体操的学习内容主要包括技巧、支撑跳跃、双杠、低单杠、攀爬5项，每学期应该选择其中的一项或两项，安排7个学时的教学内容。

4. 武术项目

武术是我国重要的传统文化遗产，对于增强人的体质，发展机体协调能力、反应能力以及柔韧性都有重要帮助，是我国学校体育教学中一项非常重要的内容。学校开展的武术项目教学一般比较注重对基本功和基本动作的训练，比如小学五年级的武术课程主要学习基本步型和基本功串联，六年级的武术课程主要学习少年拳第一套，等等。

5. 舞蹈和韵律项目

舞蹈和韵律项目除了能够帮助人们增强体质、塑造良好的体形和体态外，还具有非常高的审美价值和观赏价值，为学生提供充分的展示机会，利于学生的全面发展。一般来说，小学阶段学校体育教学中关于舞蹈和韵律项目的具体安排如下。

三年级上学期的教学内容主要为身体动作和游戏动作组合，三年级下学期的教学内容主要为舞蹈动作组合。

四年级上学期的教学内容主要为维吾尔族舞蹈动作，四年级下学期的教学内容主要为藏族舞蹈动作。

五年级上学期的教学内容主要为趣味韵律操，五年级下学期的教学内容主要为舞蹈组合。

六年级上学期的教学内容主要为韵律姿态操，六年级下学期的教学内容主要为雀尕舞。

6. 田径项目

田径项目对于增强人们的体能，发展人们的耐力素质，提高心血管系统和呼吸系统的机能水平，都具有非常重要的意义，是一项效果显著的体育锻炼项目。在安排具体的田径项目教学内容时，可以根据季节、气候等因素具体决定，但是按照田径运动的发展规律，应该先进行耐久跑和投掷教学，之后再进行跳跃和快速跑教学。

7. 地域性运动项目

地域性运动项目是根据各地区民族、民间传统的体育项目来进行安排的，如广西的竹竿舞、广东的舞狮等。

三、班级管理

当体育教师成为班主任的时候，就必须具备一定的班级管理能力，具体管理内容和管理方法如下。

（一）制定班级制度，形成良好班风

开展管理工作最重要的内容就是要制定管理制度，科学、明确的管理制度是促使学生养成良好行为规范、遵守班级秩序的前提。作为班主任，应该在学校制度的基础上，根据班级的现实状况和需要，制定本班的班级制度，比如考勤制度、请假制度、班长负责制度、奖励制度等，使学生的日常行为有"法"可依，进而形成井然有序、热爱学习的良好班级风气。

（二）制定班级目标

班级目标是一个班级发展的方向，为班级里的每位同学提供了前进的动力，因此确定班级目标是班级管理中必不可少的内容。班主任在班级目标的制定过程中，首先是要充分考虑班级的现实状况，制定出来的目标必须是经过学生的努力之后可以达到的；其次是要反映班级师生的共同心愿，做到众望所归。制定的具体的班级目标主要包括班级全面发展目标、班集体组织管理目标、班级学习目标等。

（三）培养学生的自主管理意识

青少年时期是一个人的能力和性格形成的关键时期，也是叛逆心理和叛逆行为的高发时期。一方面，青少年在这个时期有着较强的班级荣誉感和责任感，希望参与到班级的管理工作中；另一方面，青少年的叛逆心理容易让他们对被管理产生不满。因此，最好的班级管理方式就是让学生参与到管理活动中，在卫生、纪律、文体、学习等方面进行自我管理，体现他们的班级主体地位，培养他们的主人翁责任意识。

（四）转化"双差生"，变班级工作阻力为动力

所谓"双差生"是指在学习和纪律上都表现不佳的学生，一般来说，

第七章 全民健身背景下体育教师能力素质的培养与提升

这些学生容易给班级工作的开展造成较大的阻力,导致班级管理工作无法顺利进行。因此,班主任在进行班级管理的时候,要特别注意这部分学生,注意采用合理的措施引导这些学生进行转变,攻克班级管理的难题。具体做法如下。

1. 充分了解情况

每位学生的性格和行为方式之后都隐藏着一定的原因,只有找出其中的原因,才能制定出具体的转变方案。班主任可以采用与学生聊天谈话、进行家访或者电话访问家长等方式了解学生的实际状况,找出学生成为"双差生"的问题根源。

2. 因材施教

在充分了解学生的情况之后,可以根据学生的实际情况、学生的性格特点、学生的问题所在等,对学生因材施教,运用合理的方式引导学生进行转化。对于缺乏学习兴趣的学生,班主任首先要端正心态,拒绝歧视心理,肯定他们在其他方面的优点,帮助他们建立自信心,然后采用合理措施帮助学生建立学习兴趣,形成正确的学习方法。对于在思想和纪律上表现不佳的学生,教师可以通过拉家常、谈生活、谈理想等方式,对他们加强思想品德、法纪教育,使他们明白不良行为会导致的后果,在循循善诱中促使其改正错误,引导其健康成长。

(五)开展丰富多彩的集体活动

班集体活动是班级建设的重要内容,对于增强班级凝聚力,锻炼学生的能力,促进班级团结和健康发展都十分有效。班主任在班级管理的过程中应该经常组织举办班级集体活动,以开拓学生的视野,增长学生的见识,培养学生的兴趣,使得学生在紧张的学习之余获得身心的放松,促进学生的全面发展。在组织集体活动时,班主任应该充分征集学生的意愿,了解学生的兴趣,同时还要保证举办的活动具有一定的教育意义,能引发学生的反思,使学生获得思想和能力上的锻炼。

第三节　体育教师科研能力培养与提升

体育教师的科研能力是其综合素质的重要内容,只有肯刻苦钻研,才能有效提高自身的综合能力。如一名体育教师平时十分注重自身科研能力的培养,创新与探索先进的教学手段与方法,这就能为其将来从事相关职业奠定良好的基础。如创新的运动锻炼手段与方法能为参加体育健身的人民群众提供良好的指导。

一、体育教师的科研能力结构

（一）体育教师的科研能力结构

1. 探索定向的能力

探索定向的能力是指体育教师发现、选择和研究、解决问题的能力。科学研究之所以存在,就是因为问题存在,科学研究就是为了解决问题而开展的行为。体育教师想要提高自己的科研能力,首先就要培养自己的问题意识,要具备敏锐的观察力,善于从实践中寻找问题。其次,体育教师要培养自己解决问题的能力,要客观地把握本专业领域研究的前沿及重大的理论与实践问题,在立足教学的实际需要、准确把握自身兴趣与特长的基础上选准课题,体现研究的现实性与创新性相结合、实践价值与学术价值的统一。

2. 整合思维的能力

对体育教育进行科学研究,最重要的就是要透过教学实践发现问题的本质,这就要求体育教师不能将自己的目光局限在实践表面和过往的经验之上,而要利用自己深厚的知识积累和文化素养,对捕捉到的信息进行思维整合,进而将某个问题的本质从复杂的表象之中提炼出来。体育教师必须要不断发展自己的思维透析能力、思维综合能力和思维迁移能力,只有这样才能促进整合思维能力的提升。

3. 创新的能力

创新能力是指打破原有理论的框架,从新的角度和高度分析研究教育问题的能力。创新能力是进行体育教学研究必不可少的能力,教师要敢于打破现有理论的禁锢,不断寻找解决问题的新角度和新方式,形成新的思想,解决体育教学中存在的问题。

4. 合作研究的能力

团队合作、优势互补是现代体育教学研究中一个非常常见的现象,其优势在于,每位团队成员都能负责自己最擅长的部分,整个研究就是团队成员最高水平的智慧的合集。体育教师在发展自己的科研能力的时候,应该注重培养自己的合作研究能力,学会和其他研究人员和谐相处,通力合作,优势互补,提高研究效率。

(二)体育教师科研能力的内在组成因素

表7-3列举出了体育教师科研能力的内在组成因素,包括思想素养、基本能力和操作技能三个方面。

表7-3 体育教师科研能力的内在组成因素[①]

思想素养	基本能力	操作技能
科学的价值观、崇高的理想、责任感、事业心	阅读能力	确定论文题目
强烈的科研意识	写作能力	制订研究计划
积极的科研动机	检索文献资料的能力	课题论证
理论研究的兴趣	交流能力	观察与访谈
实事求是的科学态度	外语能力	设计调查表
精诚团结的协作研究精神	计算机应用能力	使用测验方法
坚强的意志		教育统计分析
勤奋(勤于思考、勤于动手)		撰写研究报告
		评价分析研究报告

[①] 裴娣娜.教育研究方法导论[M].合肥:安徽教育出版社,1994:112.

二、提高体育教师科研能力的方法

（一）加强基础理论知识学习

一方面，基础理论知识是体育教师进行教学和开展科学研究的基础，对体育教师的行为具有指导作用；另一方面，随着体育和科学文化的发展，现代社会中的体育和科技、文化之间的联系越来越紧密。因此，正如德国思想家莱辛所说，"能作正确理论的人，也会创造，谁想创造，必须学会理论"，体育教师必须充分认识基础理论知识学习的重要性，加强基础理论知识的学习。

（二）加强专业知识的学习

如果说科学文化知识能够决定一个人的下限，那么专业知识就能够决定一个人的上限，体育教师如果想要提升自己在体育学科和体育教学上的水平，就必须加强专业知识的学习。体育教师可以通过多种途径进行专业知识学习，比如参加各种专业培训，在网上进行网课学习，平时多进行专业文献和专业书籍的研读等。

（三）积极进行学术交流和讨论

交流是人类知识进步的重要途径，一方面，人们可以在交流中获得知识，打开看问题的新视角；另一方面，思想可以在交流中碰撞出新的火花，促进新思想的产生。因此，体育教师应该积极进行学术交流和讨论，使自己的科研能力在学术交流和讨论中获得进步。

体育教师可以通过参加各种培训班、学习班或者以学术交流会、座谈会、讨论会的方式进行学术交流和讨论，积极了解国内外体育的发展趋势和动态，从而在教学中采取有效应对措施，确定有价值的科研方向。

（四）积累资料

文献资料是体育科研和运动训练的重要情报和资料来源，是信息交流的重要工具，它能够帮助教练员选择和确定研究课题，并为论证课题和从事体育教学研究工作提供理论和事实根据,因此搜集和积累文献资料极为重要。体育教师可以借助互联网或者到各种图书馆、书店等进行资料搜集,利用深厚的积累为自己的科研工作提供养分和动力。

(五)积极学习新知识

科学研究证明,一个人所拥有的知识中,只有10%的知识是依靠学校教育完成的,另外90%的知识是在生活实践和职业学习中获得的。伴随着科技发展的加速,如今各学科知识更新换代的速度也在不断提升,体育从业者每年至少进行15%～20%的知识更新,才能保证不落后于社会发展的速度。这也就要求,体育教师必须要始终保持学习的习惯,不断从生活和工作中汲取新的知识,只有这样才能保持和提升自己的科研能力。体育教师可以通过关注行业最新信息,阅读专业领域的期刊等方式进行新知识的学习。

(六)营造体育科研氛围

环境对人的行为有着重要的影响,好的科研氛围对于激发体育教师的科研热情、提升体育教师的科研能力都具有重要的作用。学校是体育教师进行科研的重要场所,因此学校要担当起创造良好科研氛围,促进体育事业发展的重要责任。一方面,学校应该鼓励体育教师开展体育科研活动,在体育教师完成教学任务的基础上不对其做过多限制,为其提供宽松的环境;另一方面,学校要采取各种有效措施促进体育教师的科研,比如开展各种科研活动,进行有奖激励等。

第八章　全民健身背景下体育教师创新素质的培养与提升

在全民健身背景下,人们在日常休闲或者节假日期间经常会参加各种各样的健身活动,体育教师或社会体育指导员要充分利用创新的手段与技能指导人们参与运动健身,提高人们参与运动健身的积极性。因此,创新能力也是衡量体育教师或社会体育指导员是否合格的重要标准之一,要特别重视对体育教师和社会体育指导员创新素质与能力的培养。本章主要在全民健身背景下探讨体育教师创新素质的培养与提升,主要内容包括体育教师创新能力素质的构成与特征、创新能力素质发展的影响因素以及创新素质培养途径。

第一节　体育教师创新能力素质的构成与特征

一、体育教师创新能力素质的构成

体育教师的创新能力素质包括教育教学能力、运动训练能力及其他能力,这些能力的发挥是建立在健全丰富的知识结构基础之上的,因此将体育教师的知识结构也纳入创新能力素质中。这样一来,体育教师的创新能力素质不仅包括知识结构,也包括能力结构。

(一)知识结构

在创新教育理论下,体育教师要不断更新教学理念,树立科学先进的教学思想,如开放性教学思想、动态化教学思想等,从而在体育教学中将相关知识融合起来,促进知识的相互整合与渗透,将教学知识综合地呈现出来,提高教学的效率。

第八章 全民健身背景下体育教师创新素质的培养与提升

体育教师的知识结构直接影响体育教学效果和体育教学质量。体育教师要深刻认识到自身知识结构的重要性，不断吸收新知识，扩充自己的知识面，增加自己的知识储备量，同时要更新与深化对已掌握专业知识的认识与理解，从而能够在教学实践中合理地、综合性地运用丰富的知识去教书育人。关于体育教师应该具备哪些知识素养，在上一章已经作了详细分析，这里简单总结创新型体育教师应具备的知识结构，以对上一章的内容作简要补充。在体育教育改革深入发展的今天，结合全民健身的社会背景，体育教师应具备的知识结构见表8-1。

表8-1 体育教师知识结构[①]

层次	方面	具体内容
普通基础理论	基础学科	思想政治 哲学 政治经济学 数学 计算机 外语等
专业基础理论	基础理论	人体解剖学 运动生理学 体育心理学 学校体育学 体育测量与评价 运动生物力学 运动生物化学 运动健身学等
	运动技术	田径技术 球类技术 体操技术 武术技术 健美操技术 其他健身项目技术等
教育学科理论	教育与体育教育理论	教育教学论 体育教育学 体育方法论 普通心理学 现代科学技术理论 创新教育学等

---

① 贺红. 中学体育教师创新能力现状及影响因素研究[D]. 南京：南京师范大学，2011：9.

上表所列的创新型体育教师应掌握的各类知识在体育教师知识结构中的地位不同,作用也不同,其中普通基础知识居于基础地位,是体育教师教书育人的前提;专业基础理论知识是知识结构的重心,对体育教师教学、训练、科研能力的高低有重要影响。教育学科理论是体育教师能力形成与发展的基础指导性理论,发挥重要的指导作用。

(二)能力结构

在体育教学中对创新人才进行培养,首先要对创新型体育教师进行培养,只有具有创新思维和创新教学能力的体育教师在充满创造性的教学过程中才能对学生产生持久而深刻的影响,才能塑造创新之才。作为创新教学活动的直接组织者和实践者,体育教师除了要储备丰富的知识和建立全面的知识结构外,还要具备必要的创新能力,见表8-2。

表8-2 体育教师创新能力结构[①]

创新能力	具体内容
教育教学能力	教育基础学科理论知识运用能力 编制教学计划能力 课堂教学组织能力 语言表达能力 动作示范能力 保护与帮助能力 电化教学能力等
运动训练能力	选材能力 制定和实施训练计划的能力 运动训练管理能力 组织比赛和执行裁判工作的能力等
组织、社交能力	组织课外体育活动能力 组织运动竞赛能力 组织社区体育活动能力 社会交际协作能力等
保健能力	医务监督能力 运动损伤急救能力 体质测量评价能力等

---

① 贺红.中学体育教师创新能力现状及影响因素研究[D].南京:南京师范大学,2011:11.

续表

创新能力	具体内容
科研能力	创新思维能力 论文撰写能力等
计算机应用能力	计算机实际操作能力 多媒体课件制作能力等

上表中各项创新能力缺一不可，体育教师的创新素质主要从其教育教学能力中体现出来，教育教学能力的高低在很大程度上决定了创新能力水平的高低。体育教师的创新发展离不开运动训练能力、组织社交能力和体育保健能力。体育教师创新能力素质的提高要以科研能力和现代教育技术运用能力作为根本保证。

二、体育教师创新能力素质的特征

（一）知识特征

体育教师的知识特征是指组成体育教师知识系统的各学科知识之间的组合方式及其比例关系。通过一定中介形式，使各学科知识组合为创新型体育教师体系中的"元素"，这些元素缺一不可。

体育教师首先要掌握扎实的基础知识。这种基础知识是多元的，既包括教育学科知识，又包括人体科学知识。基础知识既是指导体育教学工作的基础，也是解决教学难题的工具。

体育教师还要具备扎实的体育专业知识。这不仅是构成知识结构的核心，同时也是从事体育教学所必备的知识元素。掌握扎实的专业知识有助于准确把握体育技术的发展规律和教学特点，能够迅速获取与体育教学有关的信息，掌握现代体育教学的发展趋势，为体育教学理论和方法的不断更新提供保障。

体育教师除了要掌握本学科知识外，还应掌握自然学科、社会学科以及管理学科的知识。这些学科知识是现代体育教学的需要。现代体育教学是一个庞大而复杂的系统工程，需要体育教师综合应用多学科知识才有可能驾驭教学活动。体育教学的过程也是人的教育过程，人体本身就是非常复杂的系统，不仅具有社会属性，也具有自然属性。对人体进行创新性的教育要求从人的本质属性出发，并从相关学科、相邻学科知识着手，如此才能提高体育教学的科学水平。

(二)能力特征

体育教师在掌握创新知识的基础上，还应具备良好的创新能力才有可能完成创新过程。这种能力不是指某一种专项能力，而是各种能力的集合和多种功能及多个层次的综合体。

1. 整合知识的能力

创新型体育教师应该掌握多方面的知识，并能通过一定中介形式使各学科知识整合为教学体系中有价值的重要"元素"。

2. 教学能力

教学能力是指体育教师将创意付诸教学过程并让学生在实践中顺利掌握体育技术和技能的能力。这种能力具体表现为创新型教师在教学中善于运用各种创新性技巧，如综合、重组、改造、移植等。

创新型体育教师应具备的教学能力表现如下。

(1)有效控制体育教学过程的能力。体育教学这个系统是具有可控性的，体育教师要有效监控整个教学过程，如此才有可能促进教学效率和效果的提高。

(2)合理选用和改善体育教学方法手段的能力，加强对体育教学方法的研究，设计多元而新颖的教学方法，将科研成果转换为实践，以提高课堂教学的趣味性和创造性。

(3)运用科学知识进行医务监督的能力，体育教学中尤其是实践课上容易出现一些意外伤害事故，体育教师要能及时运用专业知识和方法去进行紧急处理，避免损伤严重化。

3. 组织能力

创新型体育教育也要具备良好的组织能力。具体表现为依据教学大纲、参照教材，从教学实际出发对各种教学计划进行设计，对场地器材合理使用，并能自己设计简易教学器材，对教学环境与户外安全性予以充分考虑，根据学生的兴趣爱好和学习能力而采取多种不同的教学组织方式进行个性化教学，因材施教，提高教学组织工作的科学性和实效性。

4. 创新能力

创新型体育教师的创新能力包括以下几个要素。

（1）创新思维

体育教师在自己知识结构的基础上打破传统教学常规，探求新的知识和技能领域，这种思维活动就是创新思维。在创新能力结构中，创新思维是核心要素。本质上来说，创新思维是一种心理活动，而且是高级的复杂的心理活动，具有探索性、综合性、开创性和求新性。培养这种复杂思维，要求体育教师具备良好的感知力、思考力、理解力、联想力和记忆力。

（2）创新技能

在体育教师的创新理想与创新成果之间，创新技巧作为"桥梁"和"中介"起到举足轻重的作用。要实现理想，转化为成果，就必须具备良好的创新技能，包括对信息的创造性加工技能、对创新技法的熟练运用技能、对创新成果的充分表达和广泛传播技能以及将创新成果付诸实践的技能等。

第二节 体育教师创新能力素质发展的影响因素分析

在全民健身背景下，为提高人们参与运动锻炼的热情和积极性，需要体育教师或社会体育指导员充分发挥自身的创新创造能力，指引人们以饱满的热情参与运动锻炼。目前来看，我国有很大一部分体育教师都缺乏理想的创新能力，创造性得不到充分的发挥，甚至有的教师缺乏基本的创新意识和创新思维，从而限制了对学生创新精神与能力的培养，影响了创新型人才培养的效果。体育教师的创新能力素质整体较低主要与教学观念、科研管理、学术风气以及教师自身的因素有关。本节主要分析影响与制约我国体育教师创新能力素质发展和发挥的几个主要因素。

一、传统教学观念的制约

传统教学观念是制约体育教师创新能力发展的第一大要素，这种制约性影响主要从下列两方面体现出来。

（一）体育课程体系建设的制约

我国传统体育课程体系主要是由教育专家或研究工作者参与设计和构建的，专门人员设计课程方案，然后开发课程，向学校传播，由体育教师通过实施教学活动而对课程开发的思想与理念以及课程中的理论内容予以落实。在整个过程中，体育教师居于被动地位，付诸实践的过程比较机械，缺乏自主思考。总之，在课程体系建设环节，体育教师的参与性较弱。

（二）传统体育教学模式的影响

传统体育教学模式的特点是教学目标的一致性、组织形式的集体性、内容安排的系统性、教学方法的单一性、课堂教学的纪律性、教学管理的机械性以及考核标准的竞技性等。随着体育教学的深入改革和素质教育理念的普遍传播，传统体育教学模式的诸多弊端日益突显，无法适应新时期教育教学改革的要求和社会发展进步的要求。在传统体育教学模式的影响下，体育教师的思维被禁锢，长期形成的思维定式难以改变，从而造成了一种惰性思维和心理，表现为不主动、不积极、不思考、不创新等。

虽然当前我国已经实施了新的体育课程标准，体育教育工作者也在积极推进体育教学的深入改革，一定程度上改变了传统体育教学中过于机械化和被动性的局面，然而传统教学观念的影响是根深蒂固的，体育教师长期以来形成的惰性心理和思维习惯很难在短期内彻底消除，从而对体育教师创新能力素质的培养与发展造成了深刻的制约。

二、缺乏良好的科研氛围

在举国体制下，国家是科研需求的重要主体，企业尚缺乏这方面的需求。这种体制对我国科研方向的确立、科研力量的组织与发挥、科研壁垒的攻克以及政府调控职能的发挥起到了重要作用，因此国家层面的科研成果十分显著。但广大教师缺乏创新需求，创新的内驱力不足。现阶段，社会或学校科研领域存在不科学、不合理、不规范的问题，而且这些问题从科研项目申报到科研成果评价、转化再到知识产权保护的整个过程中都是普遍存在的。社会上的不良风气严重影响了校园创新氛围，教育界和学术界都有这方面的困扰，这是知识分子的素质与其学历层次不相符的主要原因之一。不良风气对教育者、潜在教育者的影响也很严重，一些年轻教师本来可以成为创新型人才，无奈在风气不正的氛围中走向平庸。而且这种风气也没有健全的体育科研管理机制去干预，导致体育教师缺乏创新意识和精神，对学术研究不重视，在教学中只做好表面工作，缺乏治学的深厚底蕴。

三、缺乏学术民主的环境

创新活动是创新思维的结果，要进行创新活动，首先要具备创新思维，树立创新意识，储备丰富知识，掌握科学思维方法，善于在实践中检验理论的正确性。此外，学术民主的传播对创新活动的开展来说也是至关重要的。学术民主包括两方面的内容，一方面是创新主体首先要有民主意识，另一方面是要为创新主体提供良好的民主环境，二者缺一不可，否则会对创新主体创新思维的形成和创新活动的开展造成消极影响。

高等院校具有学术性，高等院校中的学术活动是一项重要活动。高校肩负培养人才、创造科研成果、服务社会的重任，这就要求高校建立学术民主的良好环境，在"以人为本""民主管理"的原则下办学和治校。但现实中主要采取行政方式进行学术管理的高校不在少数，而且很多高校对学术民主管理不够重视，对于上级部门下达的行政命令，教师和科研工作者只是被动执行。现行高校教育管理体制存在过分干预和缺少自主权的问题，所以高校的学术研究工作也只能在行政管理中进行，研究主体的自主性得不到发挥，研究工作模式统一、死板，研究成效不乐观。

在体育教师的考评中，高校和有关部门的考评机制还不够健全。高校针对体育教师制定考核与激励机制，本身是为了通过奖励或适当处罚的方式激励教师的工作积极性，促进教师科研能力和教学能力的发挥，增强教师的责任感，创建良性竞争环境，促进高校在教学、科研、管理等方面竞争力的提升。然而，因为高校学术管理中有很多因素与学术规律是不符的，过于严格的行政化管理手段增加了教师科研、教学的压力与负担,挫伤了教师的工作积极性。高校管理体制的僵化、保障体系的缺口以及工作环境的行政色彩使得体育教师的工作热情下降、工作效率不高、创新动力不足。

一些高校频繁统计和公布本校的科研成果,但没有实质性的奖励,也没有物质和精神上的鼓励,只是一味强调教师要在知名出版社出版学术著作,在知名学术刊物发表高级别的文章等,并将此作为教师考核指标,这无疑增加了教师的工作负担和科研压力。此外,高校管理指标过于细化,检查评比工作过于频繁,用定量评价方法去强行评价一些不可量化的工作,这种管理对教师的教学自由、科研自由和创新自由造成了限制,使教师的教学个性受到了压抑,这是体育教师无法充分发挥自身创新能力的重要原因。

高校体育教师队伍建设中,良性竞争激励机制尚缺乏,现有机制还未达"能上能下""能进能出"的要求,所以体育教师的积极性没有被充分调动起来,创新思维也没有充分发挥出来,部分教师在教学中照章办事,敷衍了事,应付考核,创新活动严重缺乏,更谈不上培养创新人才了。高校还缺乏一套针对性强、实效性好的规章制度,尤其是学术民主的管理制度,所以导致高校学术环境缺乏民主性、宽松自由性以及创新性,行政部分过于集权,统一管理,影响了学术资源的重组与整合,因而也影响了体育教师的学术创新和教学创新。

四、思维定式的禁锢

思维定式其实就是惯性思维,是一种在长期习惯的活动中形成的难以改变的思维状态。人们一旦形成思维定式,遇到问题时就习惯用固定的方法去处理,在一定的客观环境下,惯性思维对人们快速处理问题是有帮助的。但是如果环境发生了变化,还用习惯的方式去处理问题,就得不到好的解决效果了,这就是思维定式带来的负面影响,阻碍人们对新问题的分析判断和创造性处理。思维定式也是一种经验思维或思维惰性。这种惰性会使人们在遇到新问题时做虚假的判断和不切实际的分析,然后采取不合适的方法去解决问题,最后也是徒劳。

体育教师在长期的教学实践中也会形成惯性思维和思维惰性,对思维局限和僵化的教师来说,要突破这种禁锢和克服这种惰性难度很大。思维僵化使得体育教师在教学中对问题的判断过于主观和片面,对问题的处理比较盲目和自我,阻碍了体育教师积极思考和创新能力的发挥。可见,思维定式对体育教师的创新发展及对体育教学效果的制约是非常明显的,必须打破这种定式。

五、体育教师自身知识、技能的限制

体育教师创新能力的形成和发挥是建立在知识丰富、技能突出的基础之上的。体育教师主要通过职前在高校体育教育专业接受系统的专业教育、职前培训和职后实践三个方面学习知识,获取技能。在高等院校受教育时期,体育专业学生的知识积累和其他文化专业学生相比本身就少一些,再加上专业的特点,体育专业学生学习文化课的学时也比较少,更加制约了他们文化知识水平的提升。而且,体育教育专业中一些学生存在思想不稳定、学习不积极、应付了事等现象,所以对专业知识和技能的掌握不扎实,学习效果差。这些学生毕业后经过突击学习或其他渠道而成功进入学校单位任体育教师一职,虽然是专业出身,但因为上学期间知识积累不够,所以也会影响教学工作的开展,影响教学中的创新创造活动。

体育教师在岗工作时期,因为工作任务多、责任重,所以会消耗大量的体力和精力,课余时间要通过休息来恢复身心,从而减少了自学和自修时间。此外,学校对体育教师的在职培训和继续教育不够重视,导致教师没有机会补充知识和提高技能,也没有走出去学习新思想和吸取新经验的机会,这在一定程度上影响了体育教师的发展和创新素养的形成。

第三节 体育教师创新素质的培养途径

培养体育教师创新素质与能力的途径有很多,尤其是在当今全民健身背景下,培养体育教师或社会体育指导员的创新素质是非常重要的。本节就重点从创新观念的更新、创新制度的建设、创新环境的创设等几个方面来研究如何培养体育教师或社会体育指导员的创新能力,从而为参与全民健身的人们提供良好的健身指导。

一、培养体育教师的创新观念

传统的教学观念制约体育教师的思维和行为,同时也影响其创新能力的发展。要培养与提升体育教师的创新素质能力,必须先从培养创新观念和创新意识着手,具体从以下几方面的观念来落实。

(一)长远的大局观

体育教师要用长远的眼光去看待创新的积极作用,密切关注最新教育动态,积极落实相关改革政策,拓宽体育教学方式方法,充分认识到创新教学、培养创新型人才对国家发展进步的重要意义。

(二)创新的价值观

创新是人类赖以生存与发展的重要手段,是社会前进的动力,是个人成才的基础。创新能力是生产力中最核心的要素,具有巨大的力量。创新是人类本质的最高体现和表征,发展创新力就是维护人类的天职,珍惜和保护人类进化的成果。

(三)动态的知识观

体育教师不能把知识看成绝对的真理,不能墨守成规、迷信权威,不以老观念看待新事物,不以老经验解决新问题,要敢于标新立异。教师对知识的学习接受要靠自己的建构来完成,以自己的经验为背景来分析知识的合理性。

(四)积极的文化观

积极的文化观念对创新能力的发展和发挥起到重要的推动作用。而消极的文化观念则会严重影响创新精神和创新能力的发挥。创新意识强的人创新欲望和创新勇气都很强烈。体育教师的创新意识就是体育教师在教学和训练过程中,从独特角度来分析或解决难题的思维方式,它包括一个人强烈的进取心和坚定的自信心。体育教师要树立起正确的创新观念,对创新有客观的认识,勇于打破传统体育课程体系和教

第八章 全民健身背景下体育教师创新素质的培养与提升

学模式对自身教学思想的束缚,不断进取,勇于探索,善于观察研究,不断感受创新过程的乐趣,不断激励自我,不怕失败,开拓进取,强化自己的创新意识和创新精神,并传播这种精神,以培养学生的创新素质。[①]

二、培养实事求是、勇于探索及标新立异的意识和精神

(一)实事求是

体育教学改革与探索要想获得成功,不是一个权威机构设计一套科学教学计划或方案就能实现的,其中涉及很多因素,如理论联系实际、教师教学观念转变、教师再学习等。历史的经验与教训表明,勇于探索要有科学的精神,创新意识要有科学的精神,创造能力的培养也要以科学精神为基础,实事求是就是这个科学精神。

在体育教学改革中,要创造、创新一种教法、学法,必须有实事求是的态度,充分了解学生的年龄、体质、健康等特征与差异,并有针对性地提出改革和创新方案,使之适应现实差别与特征的要求。例如,在一级跳远学习中,创造出改变踏跳板为踏跳区的方法,扩大了踏跳板的宽度,提出有利于踏跳的规定,使学生在练习中缓解了紧张情绪,增加了果断性,提高了锻炼效果;再如,学生练习跳高怕身体碰横杆,而采用橡皮筋替代横杆则效果良好等,这种实用性、简易性的改革与创新符合学生的身心实际和健身本身的要求。

体育教师在创造性教学活动中不仅要了解学生的实际,还要了解学校环境实际、学校教育实际、学生家庭实际、社会对学校体育产生影响的实际等,从而发扬实事求是的精神,从实际出发选择教学内容,创造教学方法,将体育教学工作做好、做新。

(二)勇于探索

创造新知识、新文化,必须发扬勇于探索的精神,不断进行实践与总结。体育教师勇于探索的精神主要从备课、上课、组织课外活动等各项工作中的实践探索和尝试中体现出来,从创造教学方法、改进管理制度等工作中体现出来。例如,在体育课教案设计中,一般习惯采用三段

---

① 苏苗.影响普通高校体育教师创新能力的因素分析[D].长沙:湖南师范大学,2007:40.

式(准备部分、基本部分、结束部分)编写,而且对主要教学内容的教学步骤写得非常详细。随着学校体育教学的深入改革,教案的编写有了变化,如目标清晰、文字简洁、图文并茂、重点突出等,基于这些变化而涌现出许多具有创新性和实效性的教案。

从教学实践看,教师应创造性地对教学内容、方法等进行改革,提高教学的科学性和效率。例如,教师可根据本地区的特点改革乡土教材,选择适宜本地区特点的教学内容;可以在艺术体操、活动性游戏和体能练习中融入音乐元素;在课程的结束部分让学生通过意念、闭目静思的方法平静下来,消除疲劳;采用小组教学法、同步教学法、比赛法等形成教学特色,提高学生学习积极性。体育教师只有具备并发扬探索精神,才有可能创造出新的教学方法。需要注意的是,并不是每次探索都会成功,阻力和困难在所难免,需要体育教师有承受力,正确对待阻碍,积极克服阻碍。

(三)标新立异

标新立异的思想是创新意识与创造能力的一个重要表现。树立标新立异的思想,就必须打破陈规,如传统体育课开始都是整队、报数、点名,宣布课堂任务、课堂要求等,这种教学常规沿用了很长时间。随着体育教学的深入改革,有人创造了一种自然的、不站队的向教师自然靠拢的集合队伍的形式,营造了轻松、愉悦、自由的课堂气氛,这种氛围符合青少年上体育课的心理特征。

标新立异就是要与众不同,这种思想的形成需要体育教师不断更新观念,改变思维方式,建立在对马克思辩证唯物主义思想高度认识的基础上,充分认识教学问题,深刻理解教学改革方向,对教育事业形成强烈的责任感与高度的事业心。现在,标新立异作为创新能力的重要表现已成为创新型体育教师的一个优良品质。[1]

三、建立与完善创新保障制度

(一)明确权利和义务

创新保障制度和所有制度一样都具有严格的约束性和正确的规范

---

[1] 曲宗湖.体育教师的素质与基本功[M].北京:人民体育出版社,2002:51.

第八章 全民健身背景下体育教师创新素质的培养与提升

引导性。创新保障制度不仅规定了教师在创新活动中应该贯彻的原则和遵循的要求,也规定了学校管理部门应该在学校创新教育中履行哪些义务,承担哪些责任,这样一来,不管是教师这个创新主体,还是管理者这个管理主体,都可以按规章办事,规范自己的行为,约束不良行为。

创新保障制度中提出的各项权利、义务、责任都是透明的、清晰的,有助于将教师的自主创造性激发出来,也有助于提高管理部门的工作效率。学校创新保障制度主要从以下几方面的内容着手而加以建立与完善。

(二)建立基础科研设施保障

完善创新活动中所需要的各项基础设施,包括图书馆资料的补充和扩展,由专人负责对这些基础资源的管理和维护,从而为教师的科研活动和创造性教学活动提供良好的基础条件。

(三)加强专业培训保障

完善体育教师在职培训机制、继续教育机制以及学术交流机制,保护体育教师的再教育权利,创造有利于体育教师创新能力发展的学术交流机会和专业培训机会。对体育教师进行专业培训,在培训内容、方法、途径及环境等方面要有所创新。

(四)提供内在激励保障

体育教师缺乏工作热情、工作成就感低以及缺乏创新动力,与其工资待遇差、社会地位较低、工作量大且得不到广泛认可等有直接的关系。我们必须充分认识到这些现状对体育教师教学创新与科研工作的制约和影响,从而有针对性地解决这些问题,扫除障碍,使体育教师自觉、自愿、积极投身于体育教育和科研事业中,在工作中充满激情,发挥创新力和战斗力。这就需要为体育教师的创新活动提供内在激励保障。

首先要建立与完善激励机制,提高体育教师尤其是科研型和创新型教师的待遇水平,将体育教师的创新素养及各项因素纳入考核指标,赏罚分明,肯定体育教师的创新成果,并建立推广机制,使优秀成果能够被有需要的人共享,同时要注意保护知识产权,打击侵权。

此外,对体育教师的精神激励也很重要,要适当减少体育教师的工作量,延长其职业生涯,从而促进体育教师情感发展,使其切实体会教师工作的乐趣,获得较高层次的精神愉悦。适度的精神激励可以使体育教师的创新热情充分迸发。

四、创设有利于体育教师创新能力发展的优良环境

（一）创设优良的创新教学环境和学术环境

对体育教师来说,自身创新能力的培养与提高应该在一个优良的环境下实现,包括宽松的教学环境与和谐的学术环境,这个环境是要对培养教师创新能力以及让教师发挥创新能力有利的环境。有利于体育教师创新能力发展和发挥的环境应该是民主的、宽松的、高效的,应该充满浓郁的创新氛围。

（二）创设优良的政策环境

体育教师只有发挥能动性、创新性,积极投身创新实践活动,才能强化自己的创新意识,锻炼自己的创新思维,不断提高与巩固创新能力,而这是需要有良好政策环境支持的。

有关部门要出台有利于体育教师创新能力发展的政策和文件,为体育教师创新能力的发展提供良好的政策保障,将体育教师的创造积极性、能动性激发出来。定期对创新型体育教师的创新活动进行评价,给予相应的奖励和进一步的激励,推广有应用价值的创新成果,满足体育教师的成就感,让体育教师深刻感受到自己努力创造的成果没有白费,有"用武之地",有发挥价值的地方,这样也能消除体育教师担心创新结果可能不会被采纳的后顾之忧,让体育教师全身心专注于教学和创新,心无杂念,提高科研创新效率。这也是激发体育教师创新热情和积极性的重要方式。

（三）创建创新型队伍

学校要组建创新型领导队伍和科研队伍,指引广大教育工作者的创新教学和科研工作。领导队伍的创新精神能够感染广大教师,广大教师也会被科研队伍的辛勤付出而感化,并在这些队伍的示范和引导中开展创新工作,如此能够活跃整个学校的创新氛围。

第八章　全民健身背景下体育教师创新素质的培养与提升

科研是创新的重要途径。体育科研对体育教师及科研人员的知识储备、逻辑能力、创新思维、实验技能、走访沟通能力等均提出了较高的要求。在这些方面达不到要求的体育教师容易在科研工作中出现不良现象,如功利化行为倾向、缺乏实质性的研究、缺乏与时俱进的精神等,这是体育科研成果如体育学科论文、学术著作质量差的主要原因。针对这些问题,学校尤其是高校一定要重视建设一支优秀的、专业的、综合素质高的科研型教师队伍,并为了支持科研队伍的创新工作而建立健全创新机制与管理制度,从而规范队伍的行为,提高科研队伍的科研工作效率。

此外,高校也要特别重视对学术梯队的建立,发挥学术带头人的榜样作用和示范作用,通过"传、帮、带"方式培育新人,从而不断培育新的科研人才,使其充实到教学创新和科研攻关的创新型队伍中,为体育教学事业和体育科研事业贡献自己的力量。

五、体育教师自觉提升自己的创新能力

(一)不断学习,提升自己

创新与突破是相辅相成的,要创新,就必须先突破,而要突破,必须要创新。创新是在继承科学知识和技能、吸取前人经验教训的基础上的创造性活动。创新并非一定要创造出新的东西,可以在已有观念、理论的基础上对旧的知识和技能进行组合、调整、优化等,从而改善原来的知识与技能,使之对社会更有价值,这也是一种创新。

创新与人的知识、个性、智力有密切的关系。学习和掌握一定的知识与技能,智力达到一定水平,形成自己的个性,才具备了创新的基础条件。因此,体育教师要提升自己的创新素养,必须先过"知识关"和"技能关",对已掌握的知识与技能加以巩固,并不断补充新知识,学习新技能,使自己的知识面不断拓展,技能面越来越广。

在信息时代,知识飞速更新,技能层出不穷,如果体育教师不知上进,故步自封,那么终将被淘汰。只有不断学习新知识、新技术,才有可能形成创新能力,提高创新素养。

在互联网时代,体育教师的学习渠道非常多,可以通过查阅互联网资料、继续教育、参加培训、参加讲座与交流活动等多种途径而给自己

"充电",为自我创新发展做好准备。总之,丰富的知识、熟练的技能是体育教师形成与提升创新素质的坚实基础,体育教师必须从知识和技能入手来提升自我,完善自我。

(二)努力探索,展示个性

体育教师的创新能力也与其自身个性有直接的关系,塑造良好的个性,并展示个性,这也是体育教师提高自身创新能力的重要切入点。体育教师要从以下几个方面来努力塑造自己的个性。

1. 具备人的共性

"立人"是"立业"的基础与前提,不管是普通体育教师,还是创新型体育教师,他们首先都是一个人,是一名知识分子,因此要具备普通人和普通知识分子都应该具备的素质和品质,在共性的基础上培养个性,培养优秀的素质和品质,成为优秀的人和优秀的知识分子。

2. 追求独立人格

创新型体育教师要有独立的人格精神,强烈的主体意识是体育教师追求独立人格的基础。体育教师的主体意识从其主观能动性、自主性、主动性、创新性等方面体现出来。对独立人格的追求和对人生目标、对理想的追求一样,都必须经过长期刻苦的努力,要主动投入实践活动,在活动中发挥主动性,体验作为活动主体在实践活动中的快乐与辛苦,争取成为自觉主动、人格独立的创新主体。

3. 发挥优势

不同体育教师的知识结构、兴趣爱好、业务能力、教学专长、教学风格都是有差异的,这说明体育教师的综合素质存在个体差异。但任何一名体育教师都是既有长处也有短处的。体育教师要非常清楚自己的优势是什么,应该在哪些教学工作中发挥自己的优势和特长,应该如何通过发挥优势来提高工作效果,应该如何在实践中强化这种优势,并将优势转换为创新能力。只有清楚了这些问题,体育教师才能以突出的优势和鲜明的个性特征来进行创造性的教学活动。

4. 展现自我

体育教师自我优势的发挥也是个性的发挥,是个性中比较突出的某一点的展示。体育教师要不断完善自己的个性和健全自己的人格,从而全面展现自我,实现自我价值。从本质上来看,个性就是丰富多样的,它是由多个元素构成的一个系统,这个系统中的元素有密切相关的元素,相互作用的元素,也有相互矛盾的元素,是一个复杂的系统。个性作为一个多素质构成的系统而存在于人这个有机整体中,了解这一点后,体育教师就要运用多维方法去思考问题,探索答案,发挥个性中的多项素质而建立因果联系、逻辑联系,从而探索出问题的解决方法,而且是创造性的方法。

体育教学具有开放性、探索性、研究性和创新性,体育教学过程是不断探索、创新和推陈出新的过程。体育教师要树立开放教学观,要有探索精神,自主研究意识和创新思想,敢于打破传统,主动变革,实现体育教学和体育科研的不断更新。

六、培养体育教育专业学生的创新能力

体育教育专业学生未来要走上体育教师岗位,所以在高校教育阶段就要积累丰富的专业知识,掌握全面的教学技能和创新技能,从而为顺利就业、尽快适应教学工作及提高教学效果打好基础。对体育教育专业学生的创新能力进行培养,属于职前培养,应与职后培训联系起来。下面具体分析培养高校体育教育专业学生创新能力的途径。

(一)健全体育教育专业课程体系

高校要培养体育创新人才,提高体育教育学生的创新素养,就要及时进行课程改革,完善课程体系,创新课程内容与教学方法,引进先进的教育技术手段和科技文化成果。此外,要在国家教育改革的大背景下健全体育教育专业课程体系,从宏观角度思考课程改革与创新问题,全面了解与深刻领会时代发展对创新人才的需求,站在全局去解决人才培养问题,借鉴先进经验来改革我国高校体育教育专业的课程体系,提高课程质量,从而通过优质课程教学去培养专业素质高、综合能力强、善于创新的创新型体育人才。

从宏观视角思考如何健全体育教育专业课程体系,需要重点做好两个方面的工作。一是适当增加选修课比例,按一级学科设置选修课小板块,提升任意选修课质量,培养学生的创造个性;二是增加课程类型,完善学生的知识结构,如辩论类课程、艺术类课程、应用类课程等。

(二)培养学生的科研能力

体育教育专业教学中要重视培养学生的科研能力,提升学生的探究能力、创新思维能力、智能水平。高校要为学生提供实践的机会,使学生在实践中主动发现问题,勇敢提出质疑,并积极思考解决问题的创造性方法。在科研能力的培养中,还要开发学生的探究智能,强化学生的创新思维。

掌握基本的科研方法是学生在科研实践中取得成果的基础与前提,也是发挥创造力的关键。高校要建立学生参与科研活动的相关机制,创造科研实践机会,使学生在实践中体会科研的专业性、严谨性、趣味性,并在亲身参与中锻炼与提升科研能力和创新能力。

(三)改革专业考评方式

1. 课程考试

课程考试是体育教育专业考核的重要组成部分,传统课程考试侧重于评价学生对体育知识和运动技能的掌握情况,而要培养学生的创新能力,就应该在知识考核与技能考核的基础上关注学生在学习中的创新意识、创新态度、创新知识、创新思维以及创新实践能力,将这些创新因素纳入考核范围。

2. 毕业论文考核

在毕业论文考核中,判断学生的毕业论文设计与创作是否运用了新理论、新技术、新方法,毕业论文的设计中是否体现了学生的创新思维、创新知识能力以及创新实践能力。

3. 教育实习评价

在教育实习评价中,重点评价学生在教育实习中的教学理念、教学方法和手段运用情况以及教学设计情况等,从中了解学生的创新教学能力。

在上述评价中,要不断创新评价方式,完善评价内容,健全评价指标体系,强调对学生创新素养的评价,从而激励学生在课程学习、教育实习以及毕业论文创作等各个方面自觉发挥创新精神,运用创新理论知识,提高创造技能。[①]

七、依托高校资源培养社会体育教师

依托高校体育资源推动社会体育发展是全民健身计划服务体系的重要组成部分,充分利用高校体育资源优势,开办各类体育培训班,培养优秀社会体育教师。政府部门加强政策扶持与宏观调控,加强管理,支持新型社会体育教师队伍建设。高校应借助社会体育平台,把教师的职责与学生的学习向社会延展,二者优势互补,构建和谐的社会体育环境,推动我国全民健身事业的发展。

---

① 徐丽.上海市高校体育教育专业学生创新能力的现状调查与对策研究[D].上海:华东师范大学,2014:42.

参考文献

[1] 于洁.中小学体育教师专业技能发展的途径与实践[M].成都：西南交通大学出版社,2018.

[2] 杨铁黎,刘沛等.体育教师培训模式研究与实践探索[M].北京：金盾出版社,2017.

[3] 周怀玉.未来高校体育教师必备素质研究[M].长春：吉林文史出版社,2017.

[4] 刘曼冬.大学生体质健康测试指导手册[M].上海：上海交通大学出版社,2017.

[5] 徐丽.上海市高校体育教育专业学生创新能力的现状调查与对策研究[D].上海：华东师范大学,2014.

[6] 王长生.体育教师职业技能[M].武汉：华中师范大学出版社,2012.

[7] 王姝燕.全民健身与健美操研究[M].天津：天津科学技术出版社,2018.

[8] 章海晨.全民健身视域下太极运动的开展研究[M].长春：吉林大学出版社,2019.

[9] 宫彩燕.全民健身体系研究[M].长春：吉林人民出版社,2020.

[10] 顾慧亚,王晓军.全民健身路径与公共体育服务体系建设研究[M].北京：九州出版社,2018.

[11] 陈秀敏,刘理思.体育教师专业素质新读本[M].北京：人民戏剧出版社,2009.

[12] 张维珂,黄文建,张丛丛.全民健身视域下青岛高校体育教师素质各因素的定量分析[J].青少年体育,2014（08）：61-63.

[13] 李松.浅谈新时期对体育教师的素质要求[J].湖北函授大学学报,2014,27（18）：137-138.

[14] 陈宁.全民健身概论[M].成都:四川教育出版社,2006.

[15] 陈达浪.体育教师在全民健身中的地位和作用[J].成功(教育),2010(08):273.

[16] 李晓鹏.全民健身背景下体育教师的角色转化[J].湖北成人教育学院学报,2016,22(05):43-46.

[17] 张劲松,张树巍.健康中国背景下高校体育教师社会服务现状的研究[J].体育科技,2020,41(05):53-54.

[18] 钱娅艳,张君.新时代体育教师师德规范建设审思[J].当代体育科技,2020,10(34):128-130+133.

[19] 张三宝.浅析我国新时期体育教师应具有的职业素养[J].田径,2020(05):79-81.

[20] 董文静.儒家人文精神融入山东省高校体育教师师德建设的路径研究[D].曲阜:曲阜师范大学,2020.

[21] 秦苗苗.习近平关于师德建设论述研究[D].大连:大连海事大学,2020.

[22] 廖良.高校青年教师师德现状及建设研究[D].武汉:华中师范大学,2014.

[23] 郭贤成,曹保莉.论现代体育教学中教师的职责与能力[J].晋中师范高等专科学校学报,2002(02):125+129.

[24] 赵顺来,车锦华.体育教师学[M].北京:中国科学文化出版社,2003.

[25] 曲宗湖.体育教师的素质与基本功[M].北京:人民体育出版社,2002.

[26] 涂文俊,孙青.新时代体育教师培养模式的重构与设计[J].豫章师范学院学报,2020,35(05):61-64.

[27] 崔文晶.卓越中学体育教师"三位一体"培养方案设计研究[D].太原:山西师范大学,2016.

[28] 舒宗礼.中学卓越体育教师成长研究[D].北京:北京体育大学,2016.

[29] 马亚男.安徽省高校卓越体育教师培养现状与对策研究[D].淮北:淮北师范大学,2015.

[30] 卫晓东.体育教师招聘考试一本通 中学 学科专业知识+教育理论综合 2015最新版[M].北京:现代教育出版社,2014.

[31] 孙梅.2013年国家教师资格考试考点精析与强化题库 体育与健康学科知识与教学能力 初级中学[M].北京：首都师范大学出版社，2013.

[32] 杨海平,张新安.体育教育专业必备基础知识读本[M].广州：广东高等教育出版社,2014.

[33] 胡亦海.竞技运动训练理论与方法[M].北京：人民体育出版社，2014.

[34] 张天良.关于体育教师计算机信息技术技能培养的措施研究[J].黑河学刊,2014（06）：84-85.

[35] 毛振明.体育教学论 第3版[M].北京：高等教育出版社,2017.

[36] 李娜.师范生免费教育政策下的体育教师创新能力及其影响因素研究[D].武汉：华中师范大学,2014.

[37] 朱山虎.新乡市区中学体育教师创新能力现状的研究[D].新乡：河南师范大学,2012.

[38] 贺红.中学体育教师创新能力现状及影响因素研究[D].南京：南京师范大学,2011.

[39] 苏苗.影响普通高校体育教师创新能力的因素分析[D].长沙：湖南师范大学,2007.

[40] 朱峰,宁雷.21世纪体育教师[M].沈阳：东北大学出版社,2009.

[41] 王鑫.河南省高校体育教师教学创新能力与学校环境的关系研究[D].郑州：郑州大学,2018.